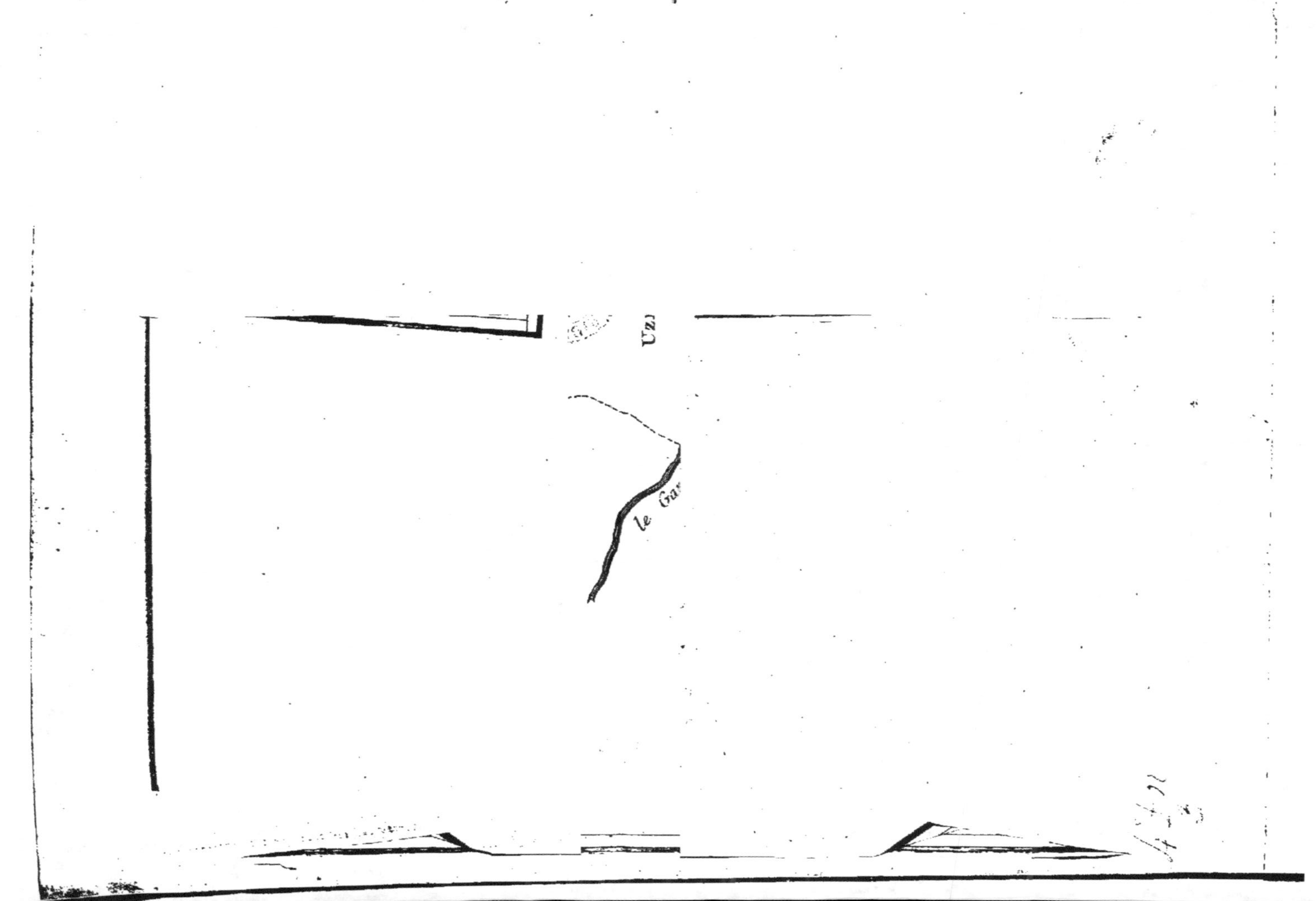
Uz
le Gar

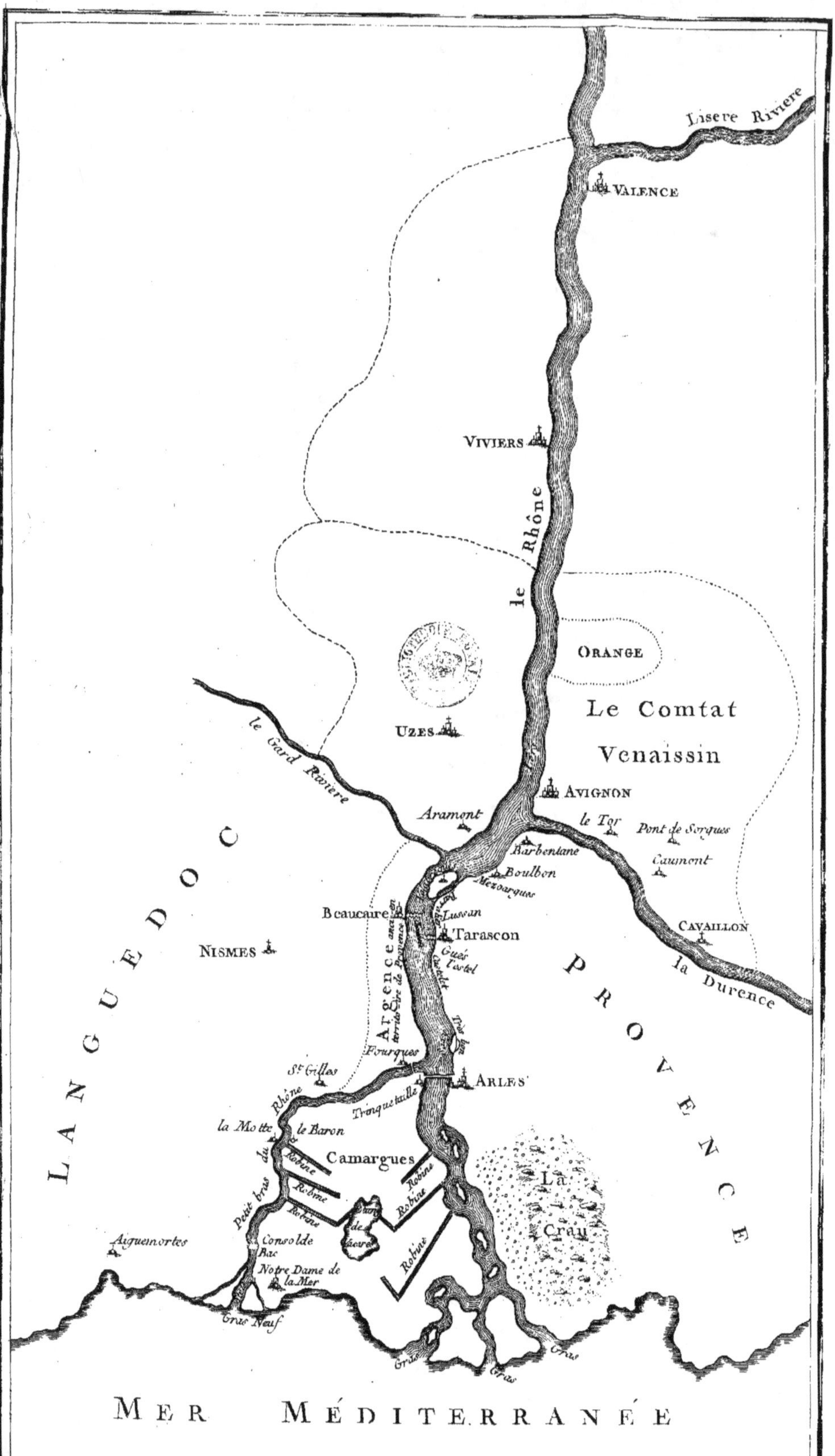

Lisere Riviere
VALENCE
VIVIERS
le Rhône
ORANGE
Le Comtat Venaissin
UZES
le Gard Riviere
Aramont
AVIGNON
le Tor
Pont de Sorgues
Barbentane
Boulbon
Mezoargues
Caumont
CAVAILLON
Beaucaire
Lussan
Tarascon
Gués Castel
NISMES
Argence ancien territoire de Provence
PROVENCE
la Durence
Fourques
St Gilles
ARLES
Rhône
Tranquetaille
la Motte
le Baron
Camargues
Petit bras du Rhône
Robine
Robine
Robine
Robine
La Crau
Aiguemortes
Consolde Bac
Notre Dame de la Mer
Grus Neuf
Gras
Gras
LANGUEDOC
MER MÉDITERRANÉE

RECAPITULATION
DES TITRES

Concernant la propriété du Rhone, depuis la Durance jusqu'à la Mer.

POUR LES ETATS DE PROVENCE.

CONTRE ceux de LANGUEDOC.

LE S Etats de *Languedoc* viennent enfin de produire leurs titres relatifs à la propriété du *Rhone*. Il eft vrai qu'ils ne le font qu'en proteftant que cette production eft furabondante, attendu, fuivant eux, que cette propriété leur a été adjugée par un Arrêt *folemnellement* rendu en 1724 : Arrêt, ajoutent-ils, que les Etats de *Provence* font non-recevables à attaquer, comme ils le font, foit par la voie de la contrariété avec de précédens Arrêts, foit par celle de la Requête civile.

Mais, lorfqu'on vient à examiner cet Arrêt annoncé comme fi *folemnel*, comme ayant fixé le fort des deux Provinces depuis plus de trente ans, l'on eft bien étonné de voir qu'il eft rendu dans un Procès particulier, où les Procureurs du

A

Pays de *Provence* avoient à la vérité accordé leur intervention , mais dans lequel la demande , afin d'avoir la propriété du *Rhone*, a été furtivement formée fur la fin de l'inftruction : la furprife augmente , lorfqu'on fçait que jamais la *Provence* n'a défendu à cette demande capitale ; & la confiance que le *Languedoc* affecte dans cet Arrêt, paroît encore plus étonnante, lorfqu'on fe rappelle qu'il n'a jamais eu la moindre exécution contre le Corps de la Province , & qu'il n'a pas même été fignifié aux Procureurs du Pays à la requête des Etats de *Languedoc.*

Ne feroit-il pas en effet bien extraordinaire de voir nos Adverfaires vouloir conquérir fur nous la partie du *Rhone* que nous poffedons , en nous oppofant des fins de non-recevoir tirées d'un Arrêt récent , tandis qu'ils l'ont furpris, au mépris de nombre d'autres Arrêts précédens qu'ils n'ont point attaqués , & qui n'ont jamais été révoqués ? Quoi ! l'hommage même que la *Provence* rend aux regles , en prenant les voies de droit contre un Arrêt irrégulier & injufte , lui fermeroit tout accès dans les Tribunaux , & le *Languedoc* lui feroit refufer juftice, précifément parce qu'il a violé ces mêmes regles !

La *Provence* doit d'autant moins craindre un pareil événement , que le *Languedoc* vient lui-même d'indiquer au Confeil le véritable principe par lequel la queftion doit fe décider. Ce n'eft point par des fins de non-recevoir , ni par des prefcriprions que les bornes de deux Provinces peuvent fe déterminer. Le point de fçavoir à qui des deux doit appartenir le *Rhone* , depuis la *Durance* jufqu'à la Mer , eft , fuivant le propre langage de nos Adverfaires , dans leur derniere Requête, *un point d'adminiftration publique* que le Roi doit décider *comme Adminiftrateur Souverain de fon Royaume.* Cette queftion intéreffe effentiellement l'affiette des tailles & des impofitions réelles , pour lefquelles les deux Corps d'Etats ont des abonnemens féparés , & la matiere des tailles eſt à tous égards imprefcriptible : c'eſt encore le *Languedoc* qui nous le rappelle. Ainſi les fins de non-recevoir qu'on nous oppofe, ne font pas feulement contraires aux vrais principes de la matiere , elles forment encore une contradiction palpable avec les regles que nos Adverfaires font eux-mêmes forcés d'invoquer.

Un feul mot devroit fuffire pour bannir fans retour d'une affaire de cette importance, tout moyen de cette efpece. Il y eſt queſtion de fixer d'une façon invariable les limites de deux grandes Provinces, & de terminer, *par un réglement général*, une infinité de Procès fubfiſtans, ou poſſibles, entre les Propriétaires des deux rives du Fleuve ; le repos public doit fans contredit l'emporter fur toute autre confidération, & faire difparoître à jamais les moyens de forme , quand ils feroient les mieux fondés. Auſſi la *Provence* perfuadée que ce Procès doit fe décider par des vûes fupérieures d'adminiſtration générale, a-t-elle mis fa principale attention à faire valoir fes droits par le mérite du fond.

Son deſſein n'eſt point de rentrer ici dans les détails hiſtoriques & critiques qui font la matiere de fon premier Mémoire. Les preuves fans nombre que nous y avons rapportées de nos droits fur le *Rhone*, font reſtées fans réponfe , parce qu'en effet il n'y a point de réplique à des vérités démontrées. L'on va fe contenter de retracer en peu de mots nos principaux moyens , & cette récapitulation fe trouvera naturellement divifée en deux parties.

La premiere contiendra l'analyfe des titres de la *Provence* fur la partie du *Rhone* qui fait l'objet du Procès ; & la difcuſſion de ceux que le *Languedoc* produit fur le fond de l'affaire , fuivra cette analyfe.

A ij

La feconde rappellera les moyens de contrariété & de Requête civile que la *Provence* employe contre l'Arrêt de 1724, & fera terminée par la réfutation des fins de non-recevoir que le *Languedoc* invoque.

Cet Ecrit renferme donc une idée complette, quoique racourcie, de tout le Procès fur le *Rhone* : Procès dont les premieres étincelles ont paru au commencement du quatorziéme fiécle, & qui s'eft reproduit fans ceffe fous de nouvelles formes depuis plus de quatre cens ans.

PREMIERE PARTIE.

Analyfe des Titres de la Provence , & réfutation de ceux du Languedoc.

L'état phyfique du *Rhone* eft une des plus fortes preuves qu'on puiffe donner, qu'il coule fur le territoire de *Provence*. C'eft une vérité conftante que le lit d'un Fleuve & fes acceffoires appartiennent à la Province qui y poffede les principales ifles ; de toutes celles qui font dans le *Rhone*, depuis la *Durance* jufqu'à la Mer, celle de la *Camargue* eft la plus confidérable, & de tous les tems elle a fait, fans conteftation, partie de la *Provence*.

Nous avons fait voir dans notre premier Mémoire, qu'autrefois le *Languedoc* ne s'étendoit point jufqu'au *Rhone*. La *Provence* & ce Fleuve appartenoient à la Couronne deux cens ans avant le *Languedoc*, & alors *Beaucaire*, la Terre d'*Argence* & *Fourques*, qui font aujourd'hui fur la rive droite du côté du *Languedoc*, étoient des Terres *Provençales*; la Jurifdiction d'*Arles* qui eft à la gauche du Fleuve, s'étendoit au-delà de fon bord dans le *Languedoc*, & cette Province ne peut nous citer aucune de fes Villes dont le diftrict fe foit étendu du côté de la *Provence*.

I.

ANALYSE DES TITRES DE LA PROVENCE.

Etat phifique du Rhone.
Page 4 du premier Mémoire.

Pages 6 & fuiv. du premier Mém.

Jamais les Souverains de *Languedoc* n'ont fait d'actes de puiffance fur le *Rhone* avant le douziéme fiécle ; époque à laquelle une Princeffe *Provençale* porta dans la Maifon de *Touloufe* une portion des Etats que fes Ancêtres poffedoient. Jufqu'à ce moment , les Souverains de *Provence* ont feuls regné fur le Fleuve ; & fi ceux de *Languedoc* y ont partagé dans la fuite quelques droits , c'eft toujours comme repré-fentans les Auteurs *Provençaux* dont ils les tenoient.

Nous avons prouvé par la donation que *Vitigès* fit au fixiéme fiécle , de la *Provence* à la *France* , par la conquête que *Charles Martel* fit du *Languedoc* fur les *Vifigots* , deux cens ans après, par la révolution qu'opéra la révolte de *Bofon*, & par tous les événemens qui fe font paffés fous les premiers Comtes de *Provence* , que le fort du *Rhone* ne fut jamais féparé de celui de la *Provence* , & que le *Languedoc* étoit encore aux *Vifigots d'Efpagne* , lorfque la Maifon de *France* regnoit feule de-puis deux cens ans fur le *Rhone*, comme une dépendance de la *Provence*.

Tout ce que nous avons dit fur cette partie effentielle de l'affaire , eft appuyé par les monumens les plus autenti-ques de l'Hiftoire , & par le fentiment unanime des meilleurs Auteurs. Nous n'en exceptons pas même ceux de *Languedoc*, qui , quoiqu'attentifs à acquérir des droits à leur Province , nous ont fourni de très-fortes preuves ; nous avons joint à tous ces avantages l'autorité des titres qui font produits au Pro-cès , & dont voici la fubftance.

Deux anciennes chartes extraites du Cartulaire de l'Eglife d'*Arles* , nous donnent le détail des biens & des droits que l'Archevêque d'*Arles* poffedoit de toute ancienneté dans le territoire d'*Argence* , confiftans entr'autres en dix mas ou baf-

N°s. 1 & 2;
Seconde Requête.

tides fitués dans le territoire de la Ville appellée *Adau ;* & inféodés à différens Particuliers ; fix mas dans le territoire de la Ville appellée *Fevatals* & le Fief de *Guillaume Ruffi ,* fitué auprès du marais que poffedoient les Seigneurs de *Roquemaure ,* avec la moitié de ce marais , la moitié de la chauffée de *Loberias* dans le *Rhone* ; le droit de tafque ou champart dans une partie du même territoire d'*Argence ,* la dixme, le Fief appellé de *Bozon ,* dans le territoire de *Saint-Paul ,* & plufieurs Eglifes , Abbayes & Oratoires , la moitié du droit des alozes & des efturgeons, des prairies que le Comte *Alphonce* (de *Touloufe*) lui avoit donné pour lui tenir lieu de l'albergue de cens Chevaliers , à laquelle ce Comte étoit obligé envers l'Archevêque , pour raifon de la Terre d'*Argence* qu'il tenoit de lui en Fief : *& in territorio fanfti Petri de campo publico habet Archiepifcopus prata fua quæ dedit ei Comes Ildefonfus, pro albergo quæ debebat facere Archiepifcopo ad centum Milites pro Argentiâ , quum ab ipfo ad feudum tenet.*

N°. 3. *fec.* req. 1070.

ACCORD paffé en l'année 1070 , entre *Raymond de Saint-Gilles ,* Comte de Touloufe , & *Aycard ,* Archevêque d'*Arles ,* cité par les Hiftoriens du *Languedoc ,* & mentionné dans notre Mémoire, page 37. Il fe réunit aux preuves ci-deffus de la fuzeraineté de l'Eglife d'*Arles ,* fur le territoire d'*Argence* ; par cet accord le Comte *Raymond* reftitue à l'Archevêque , l'Eglife de *Sainte* Pâque & fes dépendances , & tout l'honneur appartenant à l'Eglife d'*Arles ,* dans le territoire d'*Argence ,* que l'Archevêque *Raimbaud* avoit poffédé par lui ou par fes Vaffaux , confiftant en Eglifes , en Villes , vignes, terres cultes ou incultes, eaux, prés & vaffaux, & la troifiéme partie de la Ville & Château de *Fourques ,* & de fes hommes ; il promet auffi de lui rendre la moitié du Château du *Baron*, lorfqu'il pourra l'avoir , & la moitié du droit de leyde & péage des Navires , que le Comte *Bertrand* (de *Provence*) percevoit à *Arles* , fi lui *Raymond* peut l'avoir un jour. Cet aveu des droits de leyde & de péage, que le Comte de *Provence* percevoit fur les Navires , ne doit pas être fufpeét au *Languedoc* , puifqu'il eft fait par fon Souverain.

DEUX autres chartes très-anciennes , tirées du même Cartulaire, ou Livre autographe confervé dans les archives de l'Archevêché d'*Arles*, fourniffent de nouvelles preuves des droits de ce Prélat, & du Comte de *Provence*, fur les deux bras du *Rhone* , & fur les différens Ports qui y avoient été établis; l'une de ces chartes contient l'état de ce que l'Archevêque donnoit tous les ans aux Porteniers de la Ville & du Bourg, pour le paffage des Gens de fa maifon , & l'état des hommes que l'Archevêque étoit obligé de fournir en certain tems de l'année, pour fervir aux Ports du petit *Rhone* , de *Saint-Gilles* & de la *Cape*, avec déclaration que le Seigneur de *Trinquetaille* (de la Maifon des *Baux*) tenoit fous la mouvance de l'Archevêque, les Ports du petit *Rhone* , de *Saint-Gilles* & de la Ville , de même que les Seigneurs du Bourg (de la Maifon des *Porcelets*) le Port du Bourg.

Nos. 4 & 5.
fec. req.

Et l'autre contient une reconnoiffance des Porteniers du Bourg, en faveur de l'Archevêque d'Arles, des batteaux qu'ils devoient fournir pendant toute l'année , excepté le tems de la moiffon & des vendanges, pour tous les befoins & ufages de l'Archevêque, avec un abrégé de l'accord paffé par la médiation de Raymond Archevêque d'Arles, entre les Fifans & les Gênois, d'une part, & les Pontaniers d'Arles qui louoient les Navires qu'ils tenoient de l'Archevêque & du Comte

de Provence ; contenant la fixation des fommes que les Pi-
fans & les Gênois, & les autres Lombards, qui aborderoient
au Port d'Arles, devroient payer aux Pontaniers, foit qu'ils
fe ferviffent de leurs bâtimens, ou non, pour remonter le
Rhone.

N°. 1. *prem.*
req.
   1125.

TRAITÉ de paix entre *Alphonfe*, Comte de *Touloufe*, & *Ray-*
mond, Comte de *Barcelone*, contenant divifion & partage de
la *Provence*, entre ces deux Princes, par lequel le cours de
la *Durance*, depuis fa fource jufqu'au *Rhone*, & celui du
Rhone depuis la *Durance* jufqu'à la Mer, & jufqu'au milieu
de la Mer, *& ipfa Durantia vadit in Rodanum, & ipfe Ro-*
danus, ficut dictum eft, defcendit in Mare, & ufque in medium
Maris eft; & toutes les terres que ces deux rivieres enfer-
ment, font adjugées à *Raymond*, Comte de *Barcelone*; & la
partie de la *Provence* qui s'étendoit en-de-là du *Rhone*, & qui
comprenoit *Beaucaire* & le territoire d'*Argence*, & tout le
Pays qui s'étend depuis la *Durance* jufqu'à l'*Ifere*, font ad-
jugés au Comte de *Touloufe*.

N°. 6. *fec.*
req.
   1144.

LE cinq des kalendes d'Avril de l'année 1144, le même
Archevêque (*Raymond*) confirme au grand Prieur & aux Chevaliers de *Saint-Gilles*, la donation qui leur avoit été faite par
les Archevêques *Atton* & *Bernard* fes prédéceffeurs, de l'E-
glife de *Saint Thomas de Trinquetaille* & de fes dépendances,
fous la réferve que les Eccléfiaftiques de l'Eglife *d'Arles* au-
ront leur paffage libre & *gratis* pour eux & leurs effets, fur les
Navires & Bâtimens que les Chevaliers feront conftruire à
l'avenir.

N°. 7. *fec.*
req.
   1150.

LE fept des kalendes de Mars de l'année 1150, les Pontaniers

caniers *d'Arles* reconnurent que chacun d'eux étoit obligé d'entretenir au moins trois navires bons & suffisans pour les besoins & le service de l'Archevêque & du Comte de *Provence. Quod unusquisque eorum , tres Naves bonas & idoneas ad servitium Archiepiscopi & Comitis faciendum , habere debebat.*

RÉVOCATION faite par *Etiennette des Baux* & ses fils, par ordre de *Raymond* Comte de *Barcelonne* & de *Provence*, de divers droits de péage & autres qu'ils éxigeoient mal-à-propos à *Trinquetaille* sur le *Rhone* & sur son rivage. Reconnoissance en faveur du Comte de *Provence* & de l'*Archevêque d'Arles*, du droit d'attache pour tous les navires qui abordent à *Arles*, & autres droits, & déclaration que tous les Habitans font francs de tout usage ou péage sur le petit *Rhone. Homines verò vel finem habentes in Arelate non donant ullum usaticum pro Rodaneto, nec cum transierint per Rodanetum in transversum vel in longum.*

N°. 2. premiere requéte.
1150.

CONCESSION de l'Empereur *Fréderic* Roi des *Romains*, en faveur de l'Archevêque *d'Arles*, de tous les droits régaliens dans l'étendue de son Archevêché, des péages, justices, &c. ports, étangs : *tam portus Grecorum quam aliarum gentium ad civitatem tuam venientium, stagna, lacus, flumina, paludes, pascua de lapideo agro qui vulgari tuo crau vocatur . . . . & cætera quæ Romani Reges vel Principes Provinciæ, Ecclesiæ Arelatensi concesserunt.*

N°. 3. prem. req.
1154.

EN 1158 le même *Raimond* Archevêque *d'Arles* fit donation à *Bertrand* Abbé de *Saint Gilles*, de toute la Seigneurie & des droits qu'il avoit, soit par lui ou par ses Vassaux dans

N°. 8. sec. req.
1158.

la partie du territoire d'*Argence* en de-là du *Rhone*, qui s'é-
tendoit en longueur depuis la partie fupérieure de la *Lone* dite
Alabart, jufques à la pierre qui divifoit l'Aleu de *Saint Trophime*
d'Arles d'avec celui de *Saint Gilles* , & en largeur par le travers
depuis le *Rhone* jufques au marais de *Saint Gilles* , fous la réferve des droits d'ufages & de péages que l'Archevêque &
fes Vaffaux percevoient fur le *Rhone*, fe réfervant encore fur
ces biens & ces droits, une cenfe annuelle de 20 livres de
cire , payable à la mi-carême.

Ces péages fur le *Rhone* que l'Archevêque fe réferve & à
fes Vaffaux, étoient ceux qui fe levoient au Port de *Saint*
Gilles & au Port du petit *Rhone* , inféodés à la maifon des *Baux*,
dont nous avons produit quelques hommages.

N^{os}. *9* & 10.
fec. req.
1191.
1203.

DEUX hommages prêtés par *Hugues des Baux*, le premier
à *Imbert* & le fecond à *Michel de Moriès* Archevêques d'*Arles* :
ces hommages font prêtés pour le Château de *Trinquetaille* ,
pour le Port de *Saint Gilles* & pour celui du petit *Rhone* ,
pro portu Sancti Ægidii & pro portu Rodaneti , & pour tous
les autres biens dont les Prédéceffeurs d'*Hugues de Baux* avoient
fait hommage à l'Eglife d'*Arles*.

N°. 4. *prem.*
req.
1199.

TRANSACTION entre les Nobles & les Plebées de *Tarafcon* ,
inter Dominos & milites de Tarafcone ex uno latere & Confu-
les & probos homines de plebe ex alio : dans laquelle il y a un
article qui déclare les Habitans de *Tarafcon* éxempts du péage
de *Lubieres* fur le *Rhone*, en ces termes : *Vectigal verò quairo-*
num & pedagium de Luperiis (Lubieres) *fit perpetuò Domino-*
rum de Tarafcone , fic tamen ne ab hominibus de Tarafcone, ali-
quid eo nomine capiant , nec tranfeuntibus per Rodanum undecum-
que fint , quodlibet novum vectigal feu ufaticum fine confilio om-
nium Confulum , indicant.

DÉCLARATION faite par les Habitans de *Tarafcon* des droits
& domaines que le Comte de *Provence* y poſſédoit, dans laquelle on voit qu'il poſſédoit entr'autres choſes le péage
par eau & par terre ; que la place du Port lui appartenoit &
qu'il faiſoit des défenſes d'y travailler : que lorſqu'il y avoit
quelque conteſtation ſur le rivage, touchant le péage, elle
étoit vuidée par ſes Officiers ; que les Poſſeſſeurs de l'Iſle & du
péage de *Lubieres*, les tenoient du Comte de *Provence*, lequel augmentoit & diminuoit ſon droit de péage à ſa volonté ;
que le droit d'Eturgeon lui appartenoit &c. *Item vidit & au-*
divit quod Comes, accipiebat pedagium ſuum per aquam & per ter-
ram . . . Item vidit & audivit quod Comes, quandò volebat, diminue-
bat & creſcebat pedagium ſuum . . . . . de Pedagio Luperiorum
audivit dici quod erat Comitis.

No. 5. *prem.*
req.

1221.

SENTENCE arbitrale entre *Raymond Berenger*, Comte de
Provence, & les Conſuls de la Ville de *Tarafcon*, *Dominos*
& alios milites & probos homines & Conſulatum Caſtri Taraſ-
conis : ſur ce que les Habitans de *Tarafcon* achetoient des
marchandiſes dans le fil de l'eau du *Rhone*, ſans les faire
peſer ou méſurer, en fraude du péage du Comte de *Provence*,
& ſur les ſalins & péage du ſel paſſant par cette riviere. Cette
Sentence porte, entr'autres choſes, que les Habitans de *Ta-*
rafcon ſeront francs du péage ſuivant les priviléges qui leur
ont été accordés par les précédens Comtes de *Provence*, mais
que pour prévenir les fraudes, tout ce qu'ils acheteront dans
le fil de l'eau ou ſur le rivage, ſera peſé, meſuré & canné
ſur le rivage avant l'achat &c. avec l'approbation enſuite du
Comte *Raymond Berenger*, & la confirmation des libertés &
immunités ci-devant accordées aux Habitans par ſes Prédé-

No. 6. *prem.*
req.

1221.

cesseurs : *statuimus quod quicumque Tarasconis ratem vel quamlibet partem ratis emerit in filo aquæ, illud quodcumque emerit dissolvat, sivè in ripariâ Avenionensi, sive in ripariâ Tarasconis, ut nulla fraus fieri possit pedagio Domini Comitis.*

Nous avons parlé dans le premier Mémoire, page 34, sous l'époque de 1143, de l'inféodation faite par l'Archevêque *d'Arles* au Comte de *Toulouse* du territoire *d'Argence*, & que cette inféodation contient la restitution en faveur de l'Eglise *d'Arles* de l'Isle appellée *le Bois Comtal*. Nous avons supposé que ce *Bois Comtal* étoit une Isle formée par le *Rhone :* les actes que nous produisons aujourd'hui ne laissent aucun doute sur la propriété de l'Archevêque *d'Arles*, & sur la nature de cette Isle.

N°. 11. *sec.*
req.
   1222.

Le douze des kalendes de Février de l'année 1222, *Félix Beraud* vendit à *Hugues* Archevêque *d'Arles*, une partie de Bois qu'il tenoit de ce Prélat dans *le Bois Comtal*, confrontant du midi & du nord, le Bois de l'Archevêque, du levant & du couchant le *Rhone : ab Oriente, Rodano minori ; ab Occidente, Rodano majori.*

N°ˢ. 12. 13.
14. 15 & 16.
sec. req
   1222.
   1223.
   1224.

Cinq actes de vente passés à l'Archevêque par des Particuliers qui tenoient de lui quelques portions de l'Isle du *Bois Comtal ;* ces actes sont dattés des nones de Mars & de Mai 1222, du 6 des ides de Mai de ladite année 1222, du 5 des kalendes d'Octobre 1223, & du 12 des kalendes de Juin 1224.

Ils prouvent parfaitement que le *Bois Comtal* étoit une Isle formée par le *Rhone*, qu'elle appartenoit à l'Archevêque *d'Arles* en l'année 1222 & suivantes. Que ce Prélat en ayant inféodé quelques portions, il fut bien aise de les réunir au tout, dont elles avoient été démembrées : *ut protenduntur ab uno Rodano ufque ad alium.*

L'Isle de *Lubieres* fituée dans le terroir de *Tarafcon*, qui fut adjugée au Comte de *Provence* par le traité de partage de l'an 1125, & qu'il poffédoit encore en 1176, fuivant le traité raporté ci-deffus & cité page 27 du premier Mémoire, fut enfuite inféodée à une famille noble qui la poffédoit en l'année 1226 ; la tranfaction du 12 Septembre de cette année, dont il eft fait mention dans le premier Mémoire page 42, & dont nous produifons l'extrait, juftifie ce qui en a été dit ; la réferve des Seigneurs de *Lubieres*, de leur ancien péage & des droits qu'ils avoient dans cette Ifle, y eft expreffe. *Item retinemus nobis & noftris falvum integrum jus per terram & per aquam nobis fcilicet militibus Luperiarum , jus pedagii antiqui & ufatici quod in hoc caftro accipimus & accipere confuevimus , quod vocatur vulgariter ufaticum Luperiarum , & jus quod habemus in eadem infulâ & ejus pertinentiis.*

De plus, le Comte de Provence leur donne douze deniers fur chaque trois fols de fon très-ancien péage de Tarafcon, tant par eau que par terre : *in antiquiffimo & vetuftiffimo pedagio noftro Tarafconenfi.*

N°. 17. *fec. req.*
1226.

Vente faite par *Raymond Breti* de *Boulbon*, à *Etienne Canon* d'*Aramond* & à *Bertrand Canon* fon neveu, de trois terres fituées dans l'Ifle *Bertrand*, avec tous les augmens & accrémens qu'elles pourront recevoir du *Rhone*, *cum ejus augmentis & incremento quod ibi accidere poterit à parte Rodani.* Inveftiture enfuite donnée aux Acquéreurs par les Seigneurs de *Boulbon* de qui ces terres relevoient, & quittance du droit de lods reçu par ces Seigneurs.

N°. 7. *prem. req.*
1227.

N°. 18. *fec.* *req.* 1234. — La Maifon des *Baux* avoit prêté hommage aux Archevêques *d'Arles* en 1191 & 1203, pour divers biens qu'elle tenoit en inféodation de l'Eglife *d'Arles*, parmi lefquels étoient les Ports du petit *Rhone*. Cet hommage fut renouvellé le 3 des Ides d'Août de l'année 1234, par *Hugues des Baux*, en faveur de *Jean* Archevêque *d'Arles*; c'eft toujours pour le Château de *Trinquetaille*, les Ports de la Ville & du Bourg & pour ceux du petit *Rhone* : pro caftro fuo Trencatalliarum & ejus tenemento & pro Portubus fuis Civitatis & Burgi & de Rodaneto : & cette reconnoiffance en faveur de l'Eglife *d'Arles* fut encore renouvellée en l'année 1259, comme il eft prouvé à la page 47 du premier Mémoire.

N°. 8. *prem.* *req.* 1234. — Hommage prêté par *Raimond de Porcelet* à l'Archevêque *d'Arles* pour raifon de plufieurs droits dont il jouiffoit fur le *Rhone*, comme les péages, la portion du Port du *Bourg*, les Pefcheries aux gras de *Pannanides* & de *Paffon*, qui font deux bouches du *Rhone*. Scilicet pro ufaticis & pedagiis & pro parte quam habet in portu Burgi . . . . . & pro pifcariis fuis gradus de Pannanidos & de Paffono.

N°ˢ. 19. 20. 21 & 22. *fec.* *req.* 1237. 1241. — Nouvelle preuve que les Provençaux jouiffoient fans trouble des droits fur le *Rhone*, dont ils difpofoient comme d'un droit patrimonial. Le 7 des kalendes d'Avril de l'année 1237, *Jean* Archevêque *d'Arles* acquit d'un Particulier le droit de cinq deniers *Melgoriens* qu'il percevoit fur les Navires des *Lombards* abordans à *Arles*, & trois autres Particuliers vendirent au même Archevêque le 3 des nones de Juillet de l'année 1241, diverfes portions des droits qu'ils percevoient au Port *d'Arles*.

HOMMAGE prêté par *Barral des Baux* à l'Archevêque *d'Arles* du Château de *Trinquetaille*, du Port de la Ville du Bourg *d'Arles*, du petit *Rhone*, de *Fourques* & de *Saint-Gilles*, & des péages & ufages qu'il percevoit fur le rivage du *Rhone* &c. *Pro portubus Civitatis & Burgi Arelatenfis , & de Rodaneto & de Furchis & de Sancto Ægidio* (Saint-Gilles) *& pro pedagiis & ufaticis de ripariâ tam Civitatis quàm Burgi Arelatis.*

N°. 9. prem. req.

1238.

EXTRAIT du regiftre *Turris*, contenant le dénombrement des divers droits appartenans au Domaine du Comte de *Provence*. L'on y voit que toutes les terres de l'Ifle de Luffan, fituée dans le *Rhone* au terroir de *Tarafcon*, étoient foumifes envers le Domaine de *Provence*, à des cens en bled & en argent; que le Comte percevoit le droit de toutes les marchandifes qui paffoient fur le *Rhone*, foit en montant ou en defcendant devant *Tarafcon*, même fur le fel que les Etrangers débarquoient du côté de *Beaucaire*, & qu'il percevoit auffi à *Tarafcon* & à *Beaucaire*, le droit de pontenage des gens & bêtes qui paffoient fur le Pont lors nouvellement conftruit entre *Tarafcon* & *Beaucaire*.

N°. 10. prem. req.

1246.
1251.

DEUX conventions paffées par *Charles premier* & *Louis fecond*, Comtes de *Provence* aux années 1251 & 1385, avec la Communauté *d'Arles*, portant entr'autres que les Habitans *d'Arles* mettent fous la Seigneurie & Jurifdiction des Comtes de *Provence*, tous les biens & droits communs de la Ville *d'Arles*, bacs, paturages, pefcheries, eaux & décours d'eaux, *pifcationibus , aquis & aquarum decurfibus, ftagnis, paludibus* &c.

N°. 11. prem. req.

1251.
1385.

HOMMAGE prêté par *Barral des Baux* à l'Archevêque *d'Arles*

N°. 12. prem. req.

1259.

pour le Château de *Trinquetaille*, les Ports de la Ville &
du Bourg *d'Arles*, ceux du petit *Rhone*, de *Fourques* & de
Saint-Gilles, les péages & ufages qu'il percevoit fur le *Rhone*
& pour les biens & droits qu'il poffédoit dans l'Ifle de *Camargues*.

N°.13. *prem. req.* 1260.

LETTRES Patentes de *Charles d'Anjou* fils du Roi de France
& de *Béatrix* fon époufe, Comte & Comteffe de Provence,
par lefquelles ils reprennent de *Bertrand de Lamanon* une rente
annuelle de 2000 fols *Raimondins*, que le précédent Comte
Raimond Berenger lui avoit donnée en 1245, à prendre fur
fon péage *d'Arles*, *in pedagio noftro Troglio Arelatenfi*, &
lui remettent en compenfation une terre dite la *Condamine
Marfeilloife* dans le terroir *d'Arles*.

N°.14. *prem. req.* 1263.

NOUVEAU bail paffé par *Guillaume de Porcelet* à *Bertrand
Jean*, de tous les *aftels* & Ifles qui font & qui feront à l'a-
venir dans le *Rhone*, depuis l'Ifle dite *Sacriftane* jufques aux
mers des *Rolans* & des *Catalans* : *omnes aftellos & infulas qui & quæ
funt & in futurum erunt à quadam infulâ quæ dicitur infulâ Sacrif-
tana ufque ad quædam maria quæ dicuntur maria de Rolandis
& de Catalanis.*

N°. 23. *fec. req.* 1263.

LE 30 Avril de l'année 1263, il fut paffé acte de partage
entre la Communauté de Boulbon & quelques Particuliers
d'icelle, des crémens du *Rhone* dans le terroir de *Boulbon*
au quartier dit *du Colombier*; par lequel une partie des crémens eft laiffée à ces Particuliers le long de leurs terres, &
le reftant jufques au *Rhone* eft déclaré appartenir à la Communauté; *& à diclis terminis verfùs Rodanum fit & effe debeat
prædiclum augmentum univerfitatis de Bulbone, nunc & femper.*

Ces

Ces crémens ou iflon du Colombier ont été poffédés par la Communauté de *Boulbon*, fans aucun trouble jufques en l'année 1617, qu'elle les donna en payement à fes Créanciers, en exécution d'un Arrêt du Confeil.

ENQUESTE qui conftate par la dépofition d'un grand nombre de Témoins que les Habitans d'*Arles* avoient le droit exclufif de pêcher dans le *Rhone*.

N°. 15. *prem.* *req.* 1264.

SENTENCE du Juge d'*Arles*, qui condamne le Commandeur & fous-Commandeur de *Saint-Gilles*, au nom des Maifons de *Saliez* & d'*Aurifet*, à payer toutes les années 50 fols tournois pour l'entretien du pont d'*Arles*, ou à donner une obole pour chaque feptier de bled qui fera recueilli dans les tenemens de *Saliez* & d'*Aurizet*, *ad manutenendum dictum pontum quinquaginta folidos Turonenfes*, &c.

N°.16. *prem.* *req.* 1267.

LE 5 des kalendes de Mai, de l'année 1267, l'Archevêque d'*Arles* reçut un nouvel hommage de *Bertrand de Porcelet* pour tous les biens & les droits qu'il tenoit en Fief de lui & de fon Eglife, parmi lefquels font compris les droits qu'il exigeoit fur le rivage du *Rhone*, les péages & ufages, fa portion du port du *Bourg*, les pâturages des gras des *Pannarides* & de *Paffon*, qui font des bouches du *Rhone*, des terres fituées dans l'Ifle de *Camargues*, des falins, des étangs, des droits de chaffe, de pêcheries, &c.

N°. 24. *fec.* *req.* 1267.

DONATION faite par *Bertrand de Porcelet* en faveur de Bertrand & *Berenger Jean* freres, de tous les aftels & Ifles du *Rhone*, & de leurs crémens depuis l'Ifle *Sacriftane*, jufques aux Mers dites des *Rolans* & des *Catalans*.

N°.17. *prem.* *req.* 1297.

C

N°. 18. _prem._
req.
1298.

LETTRES du Sénéchal de _Provence_, adreſſées au Viguier & au Juge de _Taraſcon_ & de _Camargues_, portant ordre de ſaiſir ſous la main du Roi, Comte de _Provence_, les fruits & revenus de la Terre de _Boulbon_ & des Iſles de _Meȝoargues_ & de _Bertrand_: _videlicet inſula appellata Meȝargua, & inſula appellata Bertrand_, d'y établir des Séqueſtres pour percevoir ces fruits & revenus, & d'en faire enſuite la diſtribution aux différens co-Seigneurs de cette _Terre & Iſles_, ſuivant les portions, chacun les concernant.

N°. 19. _prem._
req.
1299.

TRANSACTION entre la Communauté d'_Arles_, & les Habitans de _Fourques_, pour raiſon du droit de paſſage ſur le pont du _Rhone_ à _Arles_, lequel droit eſt abonné en faveur des Habitans de _Fourques_, à une ſomme fixe pour chaque Habitant, leſquels ſe ſoumettent à la Juriſdiction des Officiers d'_Arles_, s'ils ſont trouvés en contravention aux pactes convenus.

N°. 25. _ſec._
req.
1300.

LE 28 Juillet de l'année 1300, les Officiers de _Bertrand de Boulbon_, Seigneur du lieu & des Iſles, rendirent Sentence défi-nitive, après information, contre _Pierre Spice_, à cauſe d'un vol de bétail fait par _Spice_, dans les Iſles de _Meȝoargues_, ap-partenantes & dépendantes du Fief de _Bertrand de Boulbon_: _in inſulis Meȝarguæ pertinentibus, & ſub Feudo Domini Ber-trandi de Eurbone, Domini dicti loci & dictarum inſularum._

N°. 20. _prem._
req.
1300.

VENTE paſſée par _Bertrand de Baux_, à _Roſtand_, Archevêque d'_Arles_, de tous les droits que le ſieur de Baux poſſedoit à _Trin-quetaille_ & ſon territoire, des 15 liv. couronées qu'il percevoit pour la tête du pont d'_Arles_ ſur le _Rhone_, des droits qu'il percevoit ſur les ports du _Rhone_ à _Arles_, du petit _Rhone_ & de _Fourques_, &c. _Quindecim librarum Provincialium coronatarum, quas nos & Anteceſſores noſtri conſueveramus habere, & percipere,_ pro capite pontis *Arelatis super Rodanum, & totius juris quod nos & Antecessores nostri consueveramus habere & percipere in portubus, scilicet Rodani apud Arelatem, quandò pons prædictus non est in traversio Rodani, seu quandò non sit transitus per dictum pontum, & Rodaneti & furcarum pedagii*, &c. Tous lesquels biens & droits le Sieur de *Baux* & ses Prédécesseurs tenoient en Fief de l'Eglise d'*Arles*.

AUTRE vente faite à l'Archevêque d'*Arles*, par *Bertrand de Baux*, de tous les péages & usages qu'il percevoit sur les rivages de la Ville & du Bourg d'*Arles* & de *Trinquetaille*, en entrant ou sortant par terre ou par eau : *omnia & singula pedagia nostra & usatica* ...... *in riperiâ seu riperiis Civitatis, & Burgi Arelatis & Villæ Trincatalliarum, intrando, seu eundo per terram & per aquam* : tant sur le bled, le vin, le sel, les radeaux, les bois, que pour le droit de rivage, d'attache & d'entrée, & autres droits.

N°. 21. prem. req.

1300.

EXTRAITS de plusieurs Sentences de condamnation, d'amende, rendues par les Officiers d'*Arles*, aux années 1291, & 1297, contre des Particuliers qui s'étoient servis dans la vente & débit de leurs grains, d'autre mesure que de l'émine du pont de la Ville, en fraude des droits du pont & du péage royal : *in diminutionem pedagii Arelatis Domini nostri Regis, & cæterorum Dominorum habentium partem in dicto pedagio.* Ces extraits délivrés par le Greffier & Clavaire d'*Arles*, au Receveur des droits du pont, ensuite de l'Ordonnance du Juge du 19 *Avril* 1301.

N°. 22. prem. req.

1301.

TRAITÉ entre *Philippe* Roi de France, & *Charles* Roi de *Jerusalem* & de *Sicile*, Comte de *Provence*, portant association pour la vente & le tirage, par le *Rhone*, du sel qui provien-

N°. 23. prem. req.

1301.

dra des falins des deux Souverains , dans lequel les Commiffaires du Roi de *France* conviennent & affurent que les
falins du Roi de *Sicile* , fitués dans le Comté de *Provence* , font
dans les Ifles du *Rhone* (& par conféquent que ces Ifles & riviere font partie de ce Comté) : *ex falinis tàm præfentibus quàm*
futuris in terra diƉi Domini Jerufalem & Siciliæ Regis in Co-
mitatu Provinciæ , tàm in infulis , feu infrà infulas in Flumine
Rodani conftitutas , quàm ultrà & citrà Rodanum. Lequel traité
a été renouvellé par les Succeffeurs de ces deux Princes ,
notamment entre le Roi *Louis XI.* & le Roi *René* , jufqu'à
l'union de la *Provence* à la Couronne de *France.*

N°. 26. *fec.*
req.
   1305.

LE 31 Août 1305 , *Bertrand de Meҙoargues* Demoifeau
d'*Arles* , vendit à noble *Beranger* & *Roftaing Gantelmi* toute la
Jurifdiƈtion qu'il avoit dans les Ifles & tenemens de *Meҙoargues,*
de *Mathieu Bonhomme* , de *Maffagante* , de *Bacon* , de l'Ifle *Per-*
due , de celle de *Tordorelle* , & autres circonvoifines fituées en
Provence , & fous la mouvance & fuzeraineté du Roi *Robert,*
Comte de *Provence* : *falvo Jure Domini noftri Regis Roberti lau-*
dandi & retinendi.

N°.24. *prem.*
req.
   1306.
   1307.

ARTICLES propofés par le Procureur du Roi de *Sicile,* Comte
de *Provence* , devant les Evêques de *Nevers* & de *Frejus* , Commiffaires députés par le Roi de *France* & le Roi de *Sicile* , pour
terminer le différend qu'il y avoit entre les deux Cours fur certaines Ifles du *Rhone* , par lefquels articles le Procureur du Roi
de *Sicile* avance beaucoup de faits (fe difant prêt à les prouver) qui conftatent clairement les droits de fon Souverain &
des Seigneurs de *Provence* fur ces ifles.

Et information faite par le Juge de *Tarafcon* , touchant les
droits du Roi de *Sicile* , Comte de *Provence* , fur une Ifle du

Rhone, appellée *Stel*, située dans le terroir de *Nôtre-Dame de la Mer*, par laquelle il est parfaitement prouvé, même par la déposition avec ferment des Sujets du Roi de *France*, que cette Isle étoit & avoit toujours été fous la domination du Comte de *Provence*, qu'il y percevoit feul le droit de bris ou naufrage, qu'il y faifoit lever un droit fur les alofes qu'on y pêchoit dans les deux braffieres du *Rhone* qui forment l'Ifle, droit que les Dépofans avoient payé eux-mêmes; qu'il n'y avoit que fes Sujets qui euffent droit d'y pécher ; que lorfque les Habitans du *Languedoc* s'avifoient d'y venir à la pêche, ceux de *Provence* les battoient & enlevoient leurs filets; que le *Rhone* appartenoit au Roi de *Sicile*, Comte de *Provence*, puifqu'il percevoit & avoit toujours perçu feul le droit fur le poiffon & fur les Navires naufragés, fans que le Roi de *France* y eût aucune part, & que *Bermond d'Uʒès*, en vendant à la Cour de *France*, *Peccays*, ne lui avoit vendu que jufqu'au bord du *Rhone*, & non au-de-là de ce bord : *& quod Dominus Bermundus de ufitiâ vendidit Curiæ Regis Franciæ Peciumcays ufque ad ripam Rodani, & non ultrà.*

PROÇES-VERBAL de l'Evêque de *Nevers* & de l'Evêque de *Frejus*, Commiffaires députés par les Rois de France & de Sicile, pour décider & terminer le doute qu'il y avoit entre les deux Soûverains fur quelques Ifles du *Rhone*.

N°. 2 5. *prem.*
req.
1307.
1332.

Les Lettres de commiffion des deux Princes portent ces mots : *vobis committimus & mandamus quatenùs ad partes ripariæ Rodani, perfonaliter attendentes de infulis* * *Barnoini, Bofci-Augerii, Bertrandi, Stelli & Moutonii, nec non & de quibufdam aliis infulis in Flumine Rodani, inter terram noftram & terram magnifici Principis Philippi, Dei gratiâ Francorum Regis illuftris, cariffimi confanguinei noftri, exiftentibus : de quibus dicitur in dubium revocari utrùm ad nos, vel ad diftum Regem debeant pertinere . . .*

* De Barnoin, de Bois-Augier, de Bertrand, de Stel, & de Mouton.

. . . . mediante justitiâ terminetis , reddentes insulas suprà dictas illi , ad quem ipsas per inquestam prædictam vos ambo noveritis pertinere.

Et dans les Lettres du Roi de *France* il est ajouté : *mandantes vobis nihilominùs , ut de jure quod idem Rex asserit se habere in quibusdam aliis locis & rebus citrà Rodanum existentibus, cum videantur & debeant ad nos verisimiliter pertinere , vocatis & præsentibus ad hoc Gentibus dicti Regis, & specialiter Domino Episcopo quos ob reverentiam dicti Regis vocari volumus, si voluerint interesse, ad videndum fieri inquestam hujusmodi , inquiratis per vos dumtaxat diligenter & fideliter veritatem & inquestam, quam indè feceritis, nobis sub nostro inclusam sigillo mittatis.*

En conséquence le Procureur du Roi de *France*, soutient que, suivant ce second chef, c'est à l'Evêque de *Nevers* seul à connoître de ce qui regarde le terrain qu'on nomme *Bertrand*, parce qu'il n'est plus dans le *Rhone*, mais contigu & consolidé avec la Terre de *France* : *locus Bertrandi non est insula in Flumine Rodani situata , sed est penitùs citrà Flumen Rodani , & dato quod reperiretur aliquo tempore insula fuisse , nunc & diù est, desiit insula esse, nec est in Flumine Rodani, sed est , ut apparet per subjectionem oculorum , contiguata & consolidata Terræ Domini Regis Franciæ , seu suorum Vassallorum , & ut citrà Rodanum , propter quod dicit , non esse procedendum coràm dicto Domino Episcopo Forojuliensi , sed solùm coram Domino Episcopo Nivernensi , ex secundo capite Litterarum Domini Regis Franciæ , quo capite ipsi soli data est commissio sine Domino Episcopo Forojuliensi , de iis rebus quæ sunt citrà Rodanum.*

Le Procureur du Roi de *France* dit qu'il est prêt à procéder : *dummodò æqualitas observetur in dictorum terminorum & locorum assignatione : itâ, videlicet, quòd una dies teneatur & assignetur ultrà Rodanum , & alia citrà Rodanum.*

Les deux Evêques affignent le lieu de l'information , *& locum in medio Rodani , inter Bellicadrum* (Beaucaire) *& Tarafconem.*

Bail à ferme paffé par les *Maîtres rationaux* (Chambre des Comptes) des fruits de la Terre & Seigneurie du *Baron* , au profit du Domaine du Comte de *Provence,*à la réferve des droits de péage , de gabelle , & des *robines* & dérivations des eaux du *Rhone* , dont il y avoit un bail particulier : *exceptis juribus aliis Curiæ , pedagii , gabellæ ac robinarum ibidem in aliâ parte venditis ac locatis.*

N°. 26. prem.
req.
1314.

Le 16 Juillet de l'année 1315 , *Jacques Gantelmi* & *Hugon de Barbentane* firent préfenter aux Officiers Royaux de *Tarafcon* , l'original d'un hommage prêté au mois de Mars 1252 , au Comte de *Provence* , par les Seigneurs de *Mezoargues,* pour la Seigneurie de ce lieu & de fon territoire , de même que des Ifles du *Rhone* , fituées dans le même territoire, qui font dénommées , fçavoir , l'Ifle de *Bois Barail* , le bofquet de *Mathieu Bonhomme,* l'Ifle de *Paliere,* l'Ifle de *Campis,*celle du bois *Lymayrene* , l'Ifle de *Bacon,* l'Ifle *Perdue,* l'Ifle de *Maffagante,* celles de *Joolans,* de *Badazac,*de *Tordorel,*de *Bertrand,*& l'Ifle fituée entre celles de *Campis* & de *Rofols;*c'eft donc une vérité prouvée de toutes parts que la *Provence* avoit des Ifles & des droits fur le *Rhone*: en voilà treize dans un feul Fief & territoire , poffédées par des Seigneurs Provençaux,fous la fuzeraineté du Comte de *Provence* : fi ces Ifles font vendues par les Propriétaires , c'eft fauf le droit d'inveftiture & de prélation du Souverain de *Provence* : nous venons de le voir fous l'époque de 1305. Survient-il quelque conteftation entre les Poffeffeurs , c'eft au Souverain & aux Juges de *Provence* qu'ils s'adreffent. Un des Seigneurs de ces Ifles veut-il doter un Monaftere de Religieufes

N°. 27. fec.
req.
1315.

qu'il fonde à *Tarafcon*, & lui laiffer des biens fitués dans ces Ifles, il requiert & en obtient la permiffion du Comte de *Provence*. Pour la juftification de ces faits, nous produirons ci-après des Lettres Patentes du Roi *Robert* Comte de *Provence*, du 3 Juillet 1325, adreffées au Sénéchal & au Juge-Mage des Comtés de *Provence* & de *Forcalquier*, par lefquelles le Prince donne ordre à fes Officiers de juger l'appel relevé par le Sieur *Bertrand de Boulbon*, d'une Sentence obtenue contre lui par *Jacques Gantelmi*, au fujet de certains fonds & Domaines fitués dans l'Ifle de *Bertrand*.

N°.27. prem. req.

1321.

ARRENTEMENT paffé par les Maîtres rationaux des droits du Domaine de *Provence*, fur le *Rhone* & fur le rivage, tels que le péage de *Tarafcon*, les gabelles d'*Arles*, les pêcheries, les robines ou dérivations des eaux du *Rhone*, & autres droits : *filicet pedagium Tarafconis, gabellæ Civitatis Arelatis, pifcariarum Vaccarefii . . . . . robinarum*, &c. pour le terme de quatre ans, au prix de 2500 liv. de reforçiat pour chaque année (*a*).

N°. 28. prem. req.

1324.

LETTRES-PATENTES du Roi *Robert* Comte de *Provence*, portant établiffement d'un droit de péage de fix deniers par charge fur tout le poiffon qui fortira d'*Arles*; & Ordonnance portant qu'afin de ne pas frauder ce droit, tout le poiffon qui fera pris, foit dans la Mer, foit dans les étangs ou dans le *Rhone*, fera obligé de paffer par cette Ville : *tàm in Mari, quàm in ftagnis, ac etiam Flumine Rodani, & aliis aquis, five locis quibufcumque fub diftrictu Civitatis prædictæ.*

(*a*) Le reforçiat étoit un fol de *Provence* : c'étoit une monnoye d'argent dont 60 pefoient un marc ; il vaudroit aujourd'hui de 16 à 17 fols monnoye courante.

LETTRES-PATENTES

Lettres-Patentes du Roi *Robert* Comte de *Provence*, adreſſées à ſes Officiers, données à la requête de *Bertrand de Bourbon*, Seigneur en partie du même lieu, portant ordre à ſes Officiers de juger l'appel relevé par le Seigneur de *Bourbon*, d'une Sentence obtenue par *Jacques Gantelmi*, au ſujet de quelques Domaines ſitués dans *l'Iſle Bertrand*.

N°. 28. ſec. req. 1325.

Un Procès-verbal du 23 Juillet 1327, fait par les Offi- ciers Royaux de *Taraſcon*, en exécution des Lettres du Roi *Robert*, ſur les différends qui étoient entre les Seigneurs de *Boulbon* & de *Mezoargues*, pour raiſon de l'entrée des troupeaux dans les poſſeſſions que l'un & l'autre avoient dans les terroirs de *Boulbon*, & de l'Iſle de *Mezoargues*.

N°. 29. ſec. req. 1327.

Révocation par les Officiers de *Beaucaire*, de certaines criées & publications qu'ils avoient fait faire, portant que tous les Poſſédans biens dans lI'île de *Lubieres* euſſent à fournir une déclaration de leurs biens à la Cour Royale de *Beaucaire* : *quòd omnis perſona, cujuſcumque conditionis aut ſtatûs exiſtat, quæ poſſeſſiones aliquas habeat in inſulâ Luperiarum, quòd diêtas poſſeſſiones diêtæ Curiæ Regiæ Bellicadri manifeſtare debeat*. Cette entrepriſe déſavouée publiquement par les mêmes Officiers, à la requiſition du Juge du Roi *Robert* Comte de *Provence*, attendu que cette Iſle de *Lubieres* eſt entiérement ſous la Juriſdiêtion de ſon Souverain : *cùm, ut dixit, diêta inſula Luperiarum ſit in omnimodâ Juriſdiêtione Domini Regis Roberti, ipſa tota & quælibet ejus partes*. La même entrepriſe eſt condamnée auſſi par le Lieutenant de la Sénéchauſſée de *Beaucaire* & de *Nîmes*.

N°. 29. prem. req. 1327.

Extrait de divers articles de la recherche & information

N°. 30 & 31. prem. req. 1332.

D

faite à *Tarascon* par Leopardus de *Fulgineo*, Commissaire à ce
député par le Roi *Robert* Comte de *Provence*, des droits appartenans au Domaine du Comte, dans la Ville & territoire
de *Tarascon* & de *Notre-Dame-de-la-Mer*, par lesquels on voit
que le Comte possedoit entr'autres, à *Tarascon*, un Château
confrontant le *Rhone*, le péage sur cette riviere : *redditus pedagii ripariæ Rodani* ; les droits de bans dans toutes les parties
du terroir, comme la plaine, *Leguez*, *Entrebon*, &c. dans l'Isle
de *Lubieres* & celle de *Lussan*, des *censes* sur des terres confrontant le *Rhone*, le droit de boage en bled pour les Terres
situées dans l'Isle de *Lussan*.

Que le même Prince possedoit entr'autres choses à *Notre-
Dame-de-la-Mer* les revenus du Port de *Consolde* établi sur le
petit *Rhone*, *redditus Portûs Consoldæ*, le même que le Roi
possede aujourd'hui, le droit de pêcherie, le droit de naufrage
sur le rivage de la Mer & du *Rhone*, des censes sur des Terres
confrontans le grand & le petit *Rhone*.

Et le péage royal du *Baron* établi sur le petit *Rhone*, *regium
pedagium Castri de Albaronis*, lequel a été ensuite inféodé à
un Seigneur de *Provence*, dont les Successeurs (aujourd'hui
M. de *Mejanes*) en jouissent encore.

<table>
<tr><td>N°.32. *prem.*
req.
1333.</td><td>

EXTRAIT de quelques articles d'une autre recherche & in-
formation faite par *Leopardus de Fulgineo*, Commissaire à ce
député par le Roi *Robert* Comte de *Provence*, des droits ap-
partenans au Domaine du Comte, dans la Ville d'*Arles* &
son terroir, par lesquels il est constaté que le Roi *Robert* pos-
sedoit, entr'autres, diverses portions du péage d'*Arles* établi
sur le *Rhone*, *regii pedagii Civitatis Arelatis*, dont une avoit
été confisquée à *Tremolete*, au profit de la Cour Royale, les
droits de pêcherie sur tous les poissons pris dans la Mer, le *Rhone*

</td></tr>
</table>

& les étangs, & des redevances pour des robines ou dérivations des eaux du *Rhone*, &c.

LETTRES Patentes de *Louis* premier, Roi de *Jérufalem*, & de *Sicile* Comte de *Provence*, & de la Reine Jeanne, portant inféodation en faveur de *Jacques Gantelmy*, de la Terre & Seigneurie du *Baron* & de celle de *Maillane* avec tous les droits qui y font énoncés, parmi lefquels on voit le *droit de péage* du *Baron*, qui fe leve encore aujourd'hui fur le petit *Rhone* au profit du poffeffeur de cette Terre.

N°. 33. *prem. req.*

1349.

CAHIER contenant les faits, les raifons & les moyens avancés par *Raymond de Ungula*, Procureur & Avocat Fifcal du Comte de *Provence*, touchant les droits inconteftables de fon Souverain fur certaines Ifles du *Rhone* contre les prétentions des Officiers du Roi de *France*, *caftrum Tarafconis*, *infula Alve feu Carnenc.*

N°. 34. *prem. req.*

1354.

Item propono quod in diéto Alve feu Carnenc folebat effe quædam domus curiæ pedagii Tarafconis, & cum propter inundantiam fluminis Rodani fuiffet diéta domus deftruéta, fuerunt poftmodum quatuor domus ibidem vel prope conftruétæ per diétam curiam pro pedagio feu ratione pedagii fupradiéti.

Item propono quod tempore Rogationum antè Afcenfionem Domini, Ecclefiæ tam caftri Tarafconis quam caftri Bellicadri, faciunt & facere confueverunt pomellos cereos (de petites pommes de cire) pro honore diéti fefti, qui pomelli portantur & portari confueverunt per Ecclefiafticos & alios homines Tarafconis fuper diétum alveum & facere confueverunt tanquam in territorio Tarafconis, & homines Bellicadri ferunt eorum pomellos ufque ad & in turrim fuper rupem quæ eft propè Bellicadrum infrà Rodanum & non citrà verfus Tarafconem, audent nec aufi fuerunt ire.

Infula vocata Luffan.

D ij

Insula de Luperia.

Locus Mezoargue, insula de Bertrando.

Insula Stelli (Stel.)

L'ancien partage est souvent cité. *Primo propono quod juxtà seriem & favorem divisionis olim factæ inter dictos Dominos Comites, videlicet Tolosanum ex parte unâ, & Comitem Barciloniæ & Marchionem Provinciæ ex parte alterâ, dicta insula de Luperiâ est & fuit temporibus retroactis & esse debet in Comitatu & infrà dictum Comitatum Provinciæ.*

Ces moyens sont produits par-devant *Guillaume Rolland*, Sénéchal de *Beaucaire*, & *Foulques d'Agout*, Sénéchal de *Provence*, Commissaires députés par les deux Souverains pour vérifier tant par témoins que par titres, à laquelle des deux Puissances ces Isles appartenoient.

N°. 30. *sec.*
req.
1363.

Lettres Patentes de la Reine *Jeanne* Comtesse de *Provence*, du 7 Mars 1363, par lesquelles elle permet à noble *Jacques Gantelmy* de disposer par testament en faveur du Monastère des Religieuses de *Saint Honoré* qu'il a fondé à *Tarascon*, de certains Fiefs & Seigneuries qu'il possede dans la viguerie de *Tarascon*, relevans du Domaine de *Provence*, parmi lesquels sont compris des tenemens de terres situées dans les Isles de *Bacon* & de *Massagante*, de la Jurisdiction & du territoire du Château de *Mezoargues*.

N°. 35. *prem.*
req.
1365.

Lettres de commission de la Reine *Jeanne* Comtesse de *Provence* adressées aux Maîtres rationaux, d'affermer les droits du Domaine de *Provence*, nottamment les droits du Rhone, *redditus ripariæ Rodani.*

N°. 36. *prem.*
req.
1370.

Sentence prononcée par le Juge *d'Arles*, portant confircation en faveur du Pont *d'Arles* fur le *Rhone*, d'une barque & de fon chargement appartenante à des Marchands Génois, qui avoit endommagé le Pont ou la corde du bacq en paffant: la confifcation fondée fur la très-ancienne coutume conftamment & de tout tems obfervée, laquelle fut prouvée par un grand nombre de titres contre les Marchands qui la nioient.

LETTRES Patentes de la Reine *Jeanne* Comteffe de *Provence*, portant donation en faveur de *Foulques d'Agout*, d'une penfion annuelle de 500 florins à prendre fur les droits & revenus de cette Reine fur le rivage du *Rhone*, *fuper pecuniâ & juribus ripariæ Rodani*.

N°. 37. *prem.* *req.* 1371.

LETTRES Patentes de la même Reine, en faveur de *Guillaume Etienne*, portant affignation d'une penfion annuelle de 10 onces d'or à prendre fur les revenus du péage Royal de *Taraf-con*, *fuper juribus, reditibus & proventibus pedagii dictæ terræ Tarafconis*.

N°. 38. *prem.* *req.* 1376.

SENTENCE prononcée par les Officiers *d'Arles*, portant confifcation au profit du Pont *d'Arles* fur le *Rhone*, d'une barque appartenante à *Gabriel de Niffia de Marfeille*, qui en paffant avoit endommagé le Pont ou la corde du bacq, & ce fuivant la très-ancienne coutume de tout tems obfervée à *Arles*, qui avoit force de Loi.

N°. 39. *prem.* *req.* 1384.

LETTRES Patentes de *Louis II*. Roi de *Jérufalem* & de *Sicile*, Comte de *Provence*, portant affignation d'une rente annuelle de 350 florins, à prendre fur les revenus de fon ancien péage établi fur le *Rhone* à *Tarafcon*, *fuper juribus, reditibus & pro-*

N°. 40. *prem.* *req.* 1401.

ventibus pedagii antiqui ripariæ Rodani quod habemus in Villâ noſtra Taraſconis, en faveur de *Jean le Maingre de Bouſſicaut*, Maréchal de *France*, avec les lettres d'attache des Maîtres rationaux de la Chambre des Comptes d'Aix, adreſſées aux Officiers de *Taraſcon* & au Receveur du péage.

Nº. 41. *prém.*
req.
1406.

Lettres Patentes du même Roi, dans leſquelles rappellant l'aſſignation qu'il avoit ci-devant faite à *Jean le Maingre dit Bouſſicaut*, & à *Antoinette de Turenne* ſon épouſe, d'une penſion annuelle de 350 florins à prendre ſur les revenus de ſon ancien péage du *Rhone* à *Taraſcon*, de laquelle penſion le ſieur de *Bouſſicaut* ne jouiſſoit pas depuis trois ans, parce que les revenus du péage avoient été engagés à d'autres perſonnes, le Prince, pour le dédommager, lui aſſigne en attendant, la penſion ſur ſa recette générale des Comtés de *Provence* & de *Forcalquier*.

Nº. 42. *prém.*
req.
1417.

Lettres Patentes de la Reine *Yolande* Comteſſe de *Provence*, adreſſées aux Maîtres rationaux, pour faire affermer le péage de *Taraſcon* par eau & par terre : *pedagium villæ noſtræ Taraſconis aquæ & terræ*, pour le payement des arrérages des gages dûs à ſon Sénéchal de *Provence*.

Nº. 43. *prém.*
req.
1422.

Lettres Patentes de la même Reine, donnant pouvoir aux Habitans & Communauté *d'Arles* d'armer & tenir armés tant ſur le *Rhone* que ſur la mer, autant de Navires qu'ils voudroient, de courir ſur les Pirates & Corſaires qui infeſtoient ces contrées, & qui entrant journellement dans le *Rhone*, faiſoient des priſes, empêchoient la deſcente & la montée du Fleuve & ruinoient le commerce *d'Arles*.

ASSIGNATION faite par *Louis III.* Roi de *Jérusalem* & de
Sicile Comte de *Provence*, sur les revenus de son péage de
Tarascon, *introitus & emolumenta pedagii Tarasconis*, pour le
payement de 3000 ducats que son Gouverneur de *Provence*
avoit empruntés *d'Henri Fegrini* pour les besoins de son
Etat.

N°.44. *prem.*
req.

1430.

LETTRES Patentes du Roi *René* Comte de *Provence*, en
faveur de *Raimond de Petra* Notaire de *Tarascon*, données sur
la Requête *de Petra*, dans laquelle il expose qu'ayant fait un
échange avec le feu sieur de *Boussicaut*, Seigneur de *Bourbon*,
par lequel il lui avoit remis des fonds situés dans le terroir
de *Bourbon*, & avoit reçu de lui d'autres fonds situés dans
les Isles de *Mezoargues*, *in insulis Mezoarguæ*; & après la mort
du sieur de *Boussicaut* tous ces biens ayant été réunis au Domaine de *Provence*, il avoit été attaqué & évincé des fonds
que le feu sieur de *Boussicaut* lui avoit donnés, par Sentence du
Juge de *Tarascon*, & qu'il étoit juste qu'il eût son recours sur le
Domaine du Roi qui possedoit les fonds qu'il avoit donnés en
échange au sieur de *Boussicaut*; sur laquelle représentation &
autres motifs, le Roi ordonne que *de Petra* jouira des fonds
de même que ses enfans, à la charge de retour à son Domaine après leur mort.

N°.45. *prem.*
req.

1437.

EXTRAIT du compte du Trésorier de la Communauté *d'Arles*
qui justifie l'arrentement en faveur de cette Communauté, des
Isles de *Bertranon* & de *Datilon*, situées dans le *Rhone*.

N°.46. *prem.*
req.

1439.

HOMMAGE prêté au Roi *René* Comte de *Provence*, par *Louis*
le *Maingre* dit *Boussicaut* fils, pour la Seigneurie de *Bourbon*
& pour la portion qu'il avoit dans les Isles de *Saint-Pierre*

N°.47. *prem.*
req.

1440.

de Mezoargues, qui font des Ifles du *Rhone*, & *parte quam habet in infulis Sancti Petri de Mezuagis.*

N°.48. *prem. req.* 1442.

Lettres Patentes du Roi *René*, portant décharge d'un cens de neuf feptiers de bled impofé fur un fond de terre dans l'Ifle de *Luffan*, fituée dans le territoire & le diftrict de *Tarafcon*, *quoddam affare in infulâ Luffani fitâ in territorio & diftrictu Tarafconis.* Ces Lettres accordées à *Sancete Cornele*, veuve du Juge de *Beaucaire*, parce que ce fonds avoit été totalement emporté par les irruptions du *Rhone.*

N°.49. *prem. req.* 1453.

Bail à ferme du Port de *Confolde*, *Portum Confoldæ*, fur le petit *Rhone* dans le territoire de *Notre-Dame de la Mer*, paffé par les Maîtres rationaux de *Provence*, à *Antoine Robert*, pour le terme de dix ans, au prix de 101 florins.

N°.50. *prem. req.* 1457.

Vente faite par *Jean d'Arlatan* au Roi René Comte de *Provence*, de la Terre & Seigneurie de *Bourbon*, de Mézoargues & de fes Ifles avec leurs dépendances, *necnon locum de Mezoargua & infulas ejufdem ac dependentia ab eifdem*, au prix de 12000 florins.

N°. 31. *fec. req.* 1469. 1470.

Les preuves que nous avons données de la propriété du Port de *Confolde* établi fur le petit *Rhone*, dans les dénombremens du Domaine des Comtes de *Provence*, en 1332, affermé par leurs Officiers & aliéné en 1543, comme faifant partie du Domaine du Roi en *Provence*, ne laiffent rien à défirer. A ces preuves de propriété en faveur des Comtes de *Provence*, nous pouvons ajouter celle qui réfulte de la donation à vie faite par le Roi *René*, le 7 Avril 1469, & renouvellée le 8 Février 1470, en faveur de *Pierre le Gadet* dit *le Breton*, des droits & revenus du Port.

Lettres

LETTRES Patentes de *Louis XI*. Roi de *France*, portant prorogation pour cinq ans du traité & aſſociation pour la vente & tirage du ſel par le *Rhone* avec *René* Roi de *Sicile*, Comte de *Provence*, conformément aux prorogations déjà faites du même traité paſſé entre leurs prédeceſſeurs, ci - devant en 1301.

N°. 51.
prem. req.
. 1471.

ACTE qui conſtate que le Roi de *France* étant en guerre avec les *Catalans*, avoit fait défenſes dans le Royaume & le *Langue-doc* de tranſporter aucun bled en *Catalogne*, & le Lieutenant de la Sénéchauſſée de *Beaucaire* n'ayant pû faire arrêter une barque chargée de bled qui deſcendoit le *Rhone*, l'avoit ſuivie, & l'ayant trouvée à*Trinquetaille-lès-Arles* ſur le *Rhone*, attachée à terre, il l'arrêta ; ce qu'étant parvenu à la connoiſſance du Juge & du Procureur Fiſcal de l'Archevêque d'*Arles*, Seigneur de *Trinquetaille*, ils requirent le Lieutenant de révoquer cet *arrêtement*, comme fait dans un lieu ſur lequel le Lieutenant de *Beaucaire* n'avoit aucune juriſdiction, non plus que le Roi de *France*, lui offrant de lui faire bonne & briéve juſtice quand ils en ſeroient requis, & en cas de refus, ils proteſtent contre lui de la violence & infraction de juriſdiction, &c. *Quòd Rodanus ipſe eſt dicti Sereniſſimi Domini noſtri Siciliæ Regis, ità quòd nullus habet jus exercere aliquos actus, niſi ipſe Sereniſſimus Dominus noſter Siciliæ Rex, vel ejus Officiarii.*

N°. 52.
prem. req.
1474.

●Le Lieutenant leur répondit qu'il feroit tranſmarcher la barque & le bled du lieu de *Trinquetaille* dans le Royaume de *France*, ce qui lui fut refuſé par les Officiers de l'Archevêque. Lors de ces altercations, ſurvint le Viguier de la Cour Royale d'*Arles*, au nom du Roi *René* Comte de *Provence*, qui répon-

E

dit au Lieutenant que le *Rhone* fur lequel la barque avoit été arrêtée, appartenoit à fon Maître, & qu'aucun n'avoit droit d'y
exercer des actes de jurifdiction, que fes Officiers; c'eft pourquoi
il ordonna au Lieutenant de lever l'*arrétement* qu'il avoit indû-
ment fait, qu'autrement il y pourvoiroit; le Lieutenant voulut
foutenir fa démarche, en difant que la barque avoit été arrêtée
fur le *Rhone* qui appartenoit au Roi de *France*, ce qui fut formellement dénié par les Officiers de *Provence*, qui lui foutinrent
que le Roi de *France* n'avoit aucune jurifdiction fur ce Fleuve,
non plus que dans le lieu de *Trinquetaille* & fon diftrict : il offrit
néanmoins de révoquer l'*arrétement*, en cas qu'il l'eût fait in-
dûment : enfin, il fe rendit juftice ; & reconnoiffant que la barque avoit été arrêtée dans la jurifdiction de *Trinquetaille*, qui
appartenoit à l'Archevêque d'*Arles*, il révoqua fa faifie, &
pria fur le champ le Juge de *Trinquetaille* de vouloir bien faire
faire lui-même l'*arrétement* : ce qui lui fut accordé.

N°. 53.
prem. req.
1475.

EXTRAIT du compte du Tréforier de la Communauté d'*Arles*,
dans lequel il fe charge de 120 florins pour la renté de deux
années de l'*Ifle de Bertranon*.

N°. 54.
prem. req.
1477.

DÉLIBÉRATION du Chapitre général des Peres *Celeftins* con-
voqué à *Paris*, par laquelle le Chapitre accepte la donation
faite aux Peres Céleftins d'*Avignon*, par le Roi *René* Comte de
Provence, de fon grand péage de *Tarafcon*, aux conditions qui y
font exprimées, *videlicet pedagio magno Villæ Tarafconis cum fuis
juribus & pertinentiis univerfis*, duquel péage les Celeftins d'*A-
vignon* jouiffent encore aujourd'hui.

N°. 32. *fec.*
req.
1477.

SOUS le regne du même Roi *René*, il s'éleva une conteftation entre les Habïtans de la Communauté d'*Aramon* en *Lan-*

guedoc , & ceux de la Communauté de *Boulbon* en *Provence* , fé-parées par le *Rhone,* au fujet d'un terrein intermédiaire, appellé *Carmejan.* Pour terminer ce différend , il fut nommé des Com-miffaires de part & d'autre, fçavoir les fieurs *Jean Peloti* , Lieu-tenant du Sénéchal de *Beaucaire* ; & *Pierre Bomffi* , Avocat du Roi en la Sénéchauffée pour le Roi de *France* ; & les fieurs *Jean de Gerente* & *Jean de Lubieres* pour le Roi *René* Comte de *Provence.* Les Commiffaires , après s'être portés fur le lieu contentieux , l'avoir parcouru , entendu les Parties , & exami-né les titres , ne veulent pas prendre fur eux de donner dans ce moment la décifion définitive , fans avoir auparavant confulté leurs Supérieurs, ils décident feulement par provifion que les Habitans de *Boulbon* jouiront , & poffféderont paifiblement les pâturages & les terres qu'ils avoient réduites en culture dans le lieu contentieux , fans pouvoir rien défricher de nouveau dans le reftant , & qu'ils continueront de pofféder le quartier ou ifle de *Maffagante* , comme ils l'ont ci-devant poffedé. Tous ces faits font conftatés par les Commiffaires le 11 Juin 1477.

Cette nouvelle tentative du *Languedoc* doit être rangée fous la claffe de celles qu'il avoit faites en 1305 & en 1327, qui n'a-voient fervi qu'à mieux affermir les droits de la *Provence* ; elle a toujours défendu avec fuccès ces mêmes droits toutes les fois qu'ils ont été attaqués , & l'on doit obferver que le Procès-ver-bal ci-deffus du 11 Juin 1477, n'eft antérieur que de quatre ans à la derniere réunion de la *Provence* à la Couronne , lors de la-quelle la Couronne même s'eft engagée à la maintenir dans tous fes droits. Si , poftérieurement à cette époque, le *Languedoc* , comptant fur fa fupériorité , a renouvellé avec plus de vigueur des entreprifes dans lefquelles il avoit échoué , il n'en a été que plus folemnellement condamné par des Arrêts du Grand Confeil en 1587 & 1609, rapportés dans notre Mémoire. La *Provence* redevenue Province du Royaume en 1481, n'a pas ceffé un feul inftant de joüir de tous les droits fur le *Rhone* ; avec lefquels elle fut réunie à la Couronne ; fes ports , fes bacs, fes péages, fes Ifles n'ont pû lui être enlevés par fon voifin , nous en avons déja fourni les preuves ; celles qui réfultent des titres dont nous allons faire le détail , tendent au même but.

N°. 55.
prem. req.
1480.

Lettres-Patentes *de Louis XI*. Roi de *France*, portant pro-rogation , pour fix ans , du traité & affociation du tirage du fel par le *Rhone* , fait entre fes Prédéceffeurs Rois de *France* , & les Comtes de *Provence*. V. ci-devant.

N°. 56.
prem. req.
1481.

Extrait du compte du Tréforier de la Communauté d'*Arles*, dans lequel il fe charge des rentes , des pâtis ou Ifles de *Pauprefat*, *Lobarès*, *Belugue* , *Peloux* , *Grimaud* , *Femme-Morte* & *Tortolenc* , fituées dans le *Rhone*, & appartenantes à cette Communauté.

N°. 57.
prem. req.
1781.

Extrait d'un article des Lettres de confirmation des privileges de la Ville d'*Arles* , par lequel Sa Majefté , ou fon Gou-verneur ayant de ce plein pouvoir , déclare que les crémens du *Rhone* appartiendront aux Propriétaires des fonds aufquels ils fe feront joints , excepté les Ifles nées & à naître appartenantes à la Ville d'*Arles* , qui continueront de lui appartenir.

N°. 33.
fec. req.
1495.
1531.

Le premier Septembre 1495, la Chambre des Comptes de *Provence* , donna à nouveau bail à la Communauté de *Barbantane* , l'Ifle du *Mouton* , & l'Iflon dit de la *Peyre* ; cette Ifle du *Mouton* a plufieurs fois excité la jaloufie des *Languedociens* , & attiré des procès à la Communauté de *Barbantane*,qui a toujours été maintenue dans la propriété qu'elle tenoit des Officiers de *Provence* ; l'Arrêt folemnel du Grand Confeil de l'année

1587, rapporté dans le premier Mémoire, assurera à jamais cette propriété.

Confirmation du nouveau bail de 1495, par la même Chambre le 12 Janvier 1531 : *de insulâ vulgò appellatâ Del-Mouton, cum suis partibus appellatis l'illon Del-Malcouvent, & l'illon Del-Raquier.*

LETTRES de commission adressées aux Officiers de *Tarascon* par la grande Cour royale de la Chambre des Comptes d'*Aix*, par lesquelles cette Cour leur marque l'extrême surprise qu'elle a eue d'apprendre que les Officiers de *Languedoc* faisoient des entreprises de jurisdiction sur certaines Isles du *Rhone*, qui sont dans le district de la *Provence* : elle leur ordonne d'aller planter dans les Isles les armes du Roi Comte de *Provence*, en signe de sauve-garde, & pour le maintien de la jurisdiction Royale & Comtale, & de faire faire à ce sujet les proclamations & défenses nécessaires, ce qui fut exécuté.

N⁰. 58. *prem. req.* 1498.

PROCÈS-VERBAL fait par le Juge & Viguier de *Tarascon*, du plantement des armes du Roi Comte de *Provence*, dans deux Isles du *Rhone*, (l'une n'est pas nommée, l'autre est *insula de Castelleto*) pour le maintien des droits de la Province, en exécution des ordres qui leur avoient été adressés par les Présidens & Maîtres rationaux de la Chambre des Comptes

N⁰. 59. *prem. req.* 1498.

PROCÈS-VERBAL fait par Messire *Jean de Guiran*, Maître rational de la grande Cour Royale & Chambre des Comptes d'*Aix*, contre des entreprises des Officiers de *Languedoc*, par lequel il est constaté que les Officiers de *Provence*, ayant fait planter les armes Royales & Comtales de *Provence*, dans deux Isles du Rhone entre *Tarascon* & *Beaucaire* : *in insulis de*

N⁰. 60. *prem. req.* 1498.

Caſtelleto & inſulâ intermediâ Villarum Taraſconis & Bellicadri ; de prétendus Commiſſaires du *Languedoc* étoient venus à main armée les arracher, & y avoient ſubſtitué les armes du Roi, comme Souverain du *Languedoc*, & avoient fait mettre de pa-·reilles armes dans deux autres Iſles ſituées au terroir de *Bour-bon*, (les Iſles de *Tamanhon* & de *Meſſagante : in inſulis de Taman-hon & Meſſagante juriſdiótionis Regiæ Comitalis Provinciæ*) ſur quoi, à la requête du Procureur du Roi Comte de *Provence*, le ſieur de *Guiran* ordonna au Viguier de *Taraſcon*, pour le maintien de la Juriſdiótion Royale & Comtale de *Provence*, de ſe tranſporter dans ces Iſles, d'arracher avec reſpeót les pieux plantés par les Officiers de *Languedoc*, de dépoſer dans un lieu ſacré les armes du Roi, & d'y planter d'au-tres pieux avec les armes de S. M. Comte de *Provence* ; ce qui fut exécuté par le Viguier, tant à *Taraſcon* qu'à *Bourbon*, où le Commiſſaire ſe tranſporta, & où il fit faire les mêmes proclamations & défenſes. Il fit ſaiſir le mas ou baſtide que les Reóteurs de l'Hôpital d'*Aramont* poſſédoient dans le terroir de *Bourbon*, parce qu'ils s'étoient adreſſés aux Officiers de *Langue-doc*, pour raiſon de certains troubles, dont ils ſe plaignoient. Même ſaiſie fut faite du bétail des Habitans d'*Aramont*, que l'on avoit trouvé dépaiſſant dans ces Iſles : Mais le Viguier les fit relâcher enſuite ſur l'ateſtation que lui firent les Gens de *Provence*, qu'ils avoient donné la permiſſion aux Habitans d'*A-ramont* de faire paître leurs beſtiaux dans le même lieu.

<table>
<tr><td>

Nº. 34.
ſec. req.
1504.

</td><td>

IL s'étoit formé en l'année 1504, une Iſle dans le *Rhone* proche le terroir de *Taraſcon*, dans le lieu vulgairement appellé de *Mezoargues*, & des Iſles de *Gaujac* : cette Iſle fit naître une conteſtation entre le ſieur *Petitjean de Lubieres* d'une part, & le ſieur *Jean Tornatoris*, & *Berengone Hugolene* ſa ſœur, qui

</td></tr>
</table>

la terminerent par tranfaction du 3 Octobre 1504, par laquelle les Parties convinrent que les fruits de l'Ifle feroient communs entr'elles pendant quatre ans, après lefquels elle feroit partagée avec tous fes crémens par gens à ce experts, de maniere que la moitié d'icelle, du côté de la *Provence*, appartiendroit audit *Jean de Lubieres*, & l'autre moitié à *Tornatoris* & à la Dame fa fœur.

L'ARREST de conflit du Parlement de *Touloufe* de 1493, les voies de fait & les procédures faites en 1498, qui font rappellés dans notre premier Mémoire, avoient donné lieu à de grands Procès entre les Officiers & les Habitans des deux Provinces, au fujet des Ifles du *Rhone*; ces Procès portés aux Parlemens de *Touloufe* & de *Provence*, y avoient été jugés par des Arrêts contraires, de forte que le défordre fubfiftoit; pour le faire ceffer le Roi *Louis XII.* ordonna par des Lettres Patentes du 13 Avril 1509, que tous les Procès mûs entre tous fes fujets de *Languedoc* & de *Provence*, pour raifon des Ifles & accroiffemens du *Rhone*, feroient évoqués par-devant Sa Majefté, *en fon Grand Confeil*, & en interdit la connoiffance aux Cours de Parlement *de Touloufe* & de *Provence*; la décifion de ces Procès avoit trait à la Jurifdiction & aux limites des deux Provinces, lefquelles n'auroient jamais été d'accord. Le Roi le dit formellement: » fçavoir faifons, » que nous défirant garder & conferver nos Provinces en » leurs Jurifdictions & étendues, felon les anciennes limites » & département, & vû & confidéré que, Arrêts & Juge- » mens contraires en ladite matiere ont été donnés & pro- » noncés tant en notre Cour de Parlement *de Touloufe* que » *de Provence*, parquoi le différend a demeuré & demeure » fans aucune définition. «

N°. 35. *fec. req.* 1509.

Voilà donc le Grand-Conseil, Juge des limites & de la Ju-risdiction des deux Provinces: cette attribution a-t-elle eu son effet? Le Grand-Conseil a-t-il prononcé? La cause de la *Provence* y a été plaidée deux fois en 1587 & 1609, & cette Province en a obtenu deux Arrêts solemnels, qui en confirmant les inféodations des Isles faites par les Officiers de *Provence* contre la réclamation des mêmes Isles sur des inféodations faites par les Officiers de *Languedoc*, ont bien précisé-ment jugé que la jurisdiction & les limites de la *Provence* s'é-tendoient sur les Isles & sur le Fleuve, & l'ont par-là conservée dans ses anciennes limites suivant la volonté expresse du Roi *Louis XII.* marquée par les Lettres-Patentes de 1509.

[*Na.* Il y a tout lieu de croire que ces Lettres-Patentes sont les mêmes que celles qui sont datées de l'année 1500 dans l'Ar-rêt de 1587, & que l'erreur de date est venue de ce que la queue du 9 n'étant pas bien marquée, ce chiffre a été pris pour un zéro.]

N°. 36.
sec. req.
1517.

LA possession de la *Provence* continua après ces Lettres-Pa-tentes comme auparavant. Le 6 Mars 1517 la *Dame Guiller-mete de Lubieres*, en qualité d'héritiere de *Jean de Lubieres* son frere, donna à nouveau bail *à Claude Dillon*, Habitant de *Ta-rascon*, une Isle que cette Dame possedoit dans le terroir de *Ta-rascon*, avec tous les crémens cachés & découverts, présens & à venir.

Cette Isle confrontoit la partie d'une autre Isle appartenante à la Dame *Berengone Hugolene*, & au sieur Jean Tornatoris, Conseiller au Parlement d'Aix, qu'ils avoient pareillement donnée à emphytéose à autre Jean Tornatoris frere de ce dernier.

N°. 37.
sec. req.
1520.

LE 24 Janvier 1520, la Dame *Antoinette de Clermont* en qualité

qualité de mere & Curatrice du fieur *Jean de Vefc* Seigneur de *Boulbon*, donna auffi à nouveau bail une Ifle dans le *Rhone* au terroir de *Boulbon*, fituée au lieu dit le *Colombier*. De tels actes marquent bien la vraie propriété non-conteftée.

LETTRES-PATENTES du Roi *François I.* aux Officiers de *Provence* pour maintenir les Habitans d'*Arles* dans le droit exclu-fif de *pêcher tant dans la riviere du Rhone , autant que fe contient le territoire d'Arles, & femblablement aux marais dudit Arles.*

N°. 61. *prem. req.*
1526.

TRANSACTION paffée entre la Communauté d'*Arles* & celle de *Tarafcon*, portant entr'autres, que les Pêcheurs de *Tarafcon* demanderont tous les ans aux Confuls d'*Arles* la permiffion de pêcher dans le *Rhone d'Arles* , laquelle leur fera accordée fans frais , ce qui fera pratiqué de même par les Pêcheurs d'*Arles* ; vis-à-vis les Confuls de *Tarafcon* qui leur donneront la per-miffion de pêcher dans le *Rhone de Tarafcon* ; que les Pêcheurs de *Tarafcon* feront tenus de payer tous les ans à l'Archevêque d'*Arles* le premier éturgeon œuvé qu'ils pren-dront dans le *Rhone* , & de donner aux Confuls d'*Arles* le fecond éturgeon , &c.

N°. 62. *prem. req.*
1527.

L'ISLE *du Mouton* inféodée à la Communauté de *Barbentane* en 1495, par la Chambre des Comptes de *Provence* , fut divi-fée en trois portions par l'impétuofité du *Rhone* en l'année 1531. Cette incurfion du Fleuve, qui d'une Ifle en avoit formé trois , donna lieu à la Communauté de s'adreffer de nouveau à la même Chambre des Comptes d'*Aix* , pour avoir la confir-mation de la premiere inféodation ; ce qu'elle obtint le 12 Jan-vier 1531 ; & ce nouveau bail de l'Ifle du *Mouton* & de fes dé-pendances fut confirmé par des Lettres-Patentes du Roi *Fran-*

N°. 38. *fec. req.*
1532.

çois I. en date du 22 Janvier 1532. Il n'eſt pas hors de pro-
pos d'obſerver que ces deux titres font mention d'un
Procès long & diſpendieux que la Communauté de *Barbantane*
avoit ſoutenu au Grand Conſeil pour défendre ſa poſſeſſion &
ſon titre, ce qui indique un troiſiéme Jugement favorable à la
Provence, émané de l'autorité du Grand Conſeil, à qui le Roi
Louis XII. avoit attribué la connoiſſance & le pouvoir de décider définitivement les Procès ſur cette matiere, pour que les
deux Provinces fuſſent conſervées dans leurs Juriſdictions &
leur étendue ſuivant leurs anciennes limites.

N°. 39. *ſec.*
req.
1539.
1549.

Le 20 Février 1539, la Chambre des Comptes de *Provence*
donna à nouveau bail à *Antoine Petit* l'Iſle de *Treſbon* avec les
crémens qui pourront s'y former, & cette inféodation fut confirmée par les Lettres-Patentes du Roi *Henri II.* du 12 Mai
1549; c'eſt cette Iſle qui donna lieu à l'Arrêt du Grand Conſeil
de l'année 1609, rapporté dans notre Mémoire pag. 104 & ſuiv.
par lequel le ſieur *Saxi* fut maintenu dans ſon titre émané des
Officiers de *Provence*, contre des Parties puiſſantes, qui prétendoient le dépoſſéder, à la faveur d'une inféodation de la même
Iſle, des Officiers du *Languedoc*, antérieure à celle de *Saxi*.

N°. 63. *prem.*
req.
1543.

Vente du *Port de Conſolde que le Roi tient ſur la petite braſ-
ſiere du Rhone de de-là l'Iſle de la Margue, de même les droits que
ledit Seigneur prend ou a coutume prendre ſur le paſſage dud. Port;*
cette vente faite par les Commiſſaires députés par S. M. pour
la vente de ſon Domaine de *Provence*, au prix de 180 liv. tournois, à la charge que l'acquéreur payera tous les ans à S. M.
Comte de *Provence*, ou à ſon Receveur d'*Arles*, la ſomme de 12
liv. tournois, & ſauf auſſi le rachat perpetuel au Roi & à ſes
Succeſſeurs au Comté de *Provence* : ce rachat a été enſuite

exécuté, & le Receveur du Domaine de *Provence* a toùjours affermé & afferme encore aujourd'hui ce même Port.

TRANSACTION paſſée entre le Comte de *Grignan* , Lieute
nant Général pour le Roi en *Provence*, & le Baron d'*Oppede* ,
Premier Préſident au Parlement d'*Aix* , Commiſſaires députés
par S. M. d'une part, & le ſieur d'*Oraiſon*, Seigneur de *Bour-*
bon, d'autre part, au ſujet de *certaines iſles & accroiſſemens*
de la riviere du Rhone , étant dans le terroir de Bourbon & ſon
diſtriɛ, dites & appellées l'Iſle de Carvemejan, Patis & Maſſa-
gante, leſquelles Iſles avoient été ſaiſies par les Commiſſaires
pour être réunies au Domaine du Roi Comte de *Provence* ,
pour raiſon de quoi il y avoit Procès entre le Procureur Géné-
ral de S. M. le Seigneur de *Bourbon* & la Communauté du
même lieu , par laquelle tranſaction les Commiſſaires , en
vertu du pouvoir que leur donnoient les Lettres-Patentes de
S. M. cedent au Seigneur de *Bourbon* tous les droits du Roi
ſur ces Iſles & accrémens, *uniſſant & incorporant perpétuellement*
icelles Iſles à la Seigneurie de Bourbon , comme de ſes appartenances
& dépendances , & ce moyennant 300 écus d'or ſol qui furent
comptés au Receveur du Domaine de *Provence* , & à la charge
de la cavalcade ou du ſervice militaire.

N°.64. prem. req.

1544.

LE Roi *Henri II.* confirma par des Lettres-Patentes du 23 Août 1557, en faveur des Habitans de *Barbantane* , l'inféo-dation qui leur avoit été faite par la Chambre des Comptes de *Provence* , des Iſles *du Mouton* , *Malver* & *Roquier* , & qui avoit été précédemment confirmée par d'autres Lettres-Patentes de 1532.

N°. 40. ſec. req.

1557.

LETTRES Patentes *d'Henri III.* Roi de *France* Comte de

N°.65. prem. req.

1575.

F ij

Provence, qui commencent par ces mots, » Après le traité de
» paix fait en l'an 1025, entre *Alphonse* Comte de *Toulouse*
» ou de *Saint-Gilles*, & *Raymond* Comte de *Barcelonne* & sa
» femme lors Comtesse *de Provence*, par lequel ledit pays de
» *Provence* fut limité & borné, afin que chacun desdits Princes
» pût sçavoir ce qui étoit de son obéissance, ledit Comte
» de *Provence* fit baux perpétuels de plusieurs portions de
» son Domaine, même des Isles de la riviere du *Rhone*
» étant du côté dudit *Provence*, en conféquence desquels
» anciens baux le premier jour de Septembre 1495, fut fait
» bail aux Habitans du lieu de *Barbentane*, audit pays de
» *Provence*, des Isles appellées *du Mouton* & de la *Peyre*, étant
» au-dedans de ladite riviere *du Rhone* du côté de *Provence*
» à titre de cens & rente & deniers d'entrée &c.

Henri III. confirme ces mêmes baux en faveur des Habitans & Communauté *de Barbentane*, & declare que ces Isles ne font point du ressort ni jurisdiction du Juge-Mage *de Nismes*, Commissaire établi pour la vérification des Isles *du Rhone* & où elles auroient été comprises dans sa commission, Sa Majesté les en excepte.

Ces Lettres Patentes font enregistrées par la Chambre des Comptes *de Provence* le 20 Novembre 1576.

N°. 41. *sec.*
req.
1576.

TRANSACTION du 5 Octobre 1576, entre le sieur *Antoine de Lubieres* & Dame *Françoise de Brezay*, Duchesse Douairière *de Bouillon*, sur l'exécution d'un Arrrêt du Grand-Conseil du 3 Avril précédent, rendu au profit du sieur *de Lubières* contre la Dame de *Bouillon* & M. le Cardinal *de Lorraine*, portant adjudication & restitution en faveur de M. *de Lubières*, d'une Isle *de Provence* située dans le terroir de *Mézoargues*.

Arrest du Grand-Conseil contradictoirement rendu, par lequel la Communauté & Habitans *de Barbentane*, font maintenus dans la poffeffion *des Ifles dites du Mouton, fituées le long de la riviere du Rhone* ou des *Ifles appellées le petit & grand Mouton*, qui leur avoient été inféodées par la Chambre des Comptes de *Provence*; & *Françoife Giberte* veuve & héritiere de *Marc Bouffit*, à qui les mêmes Ifles avoient été inféodées par les Officiers du *Languedoc*, eft déboutée de fa demande en défemparation d'icelles.

N°. 66. prem. req. 1587.

Cet Arrêt fut fignifié à la Dame *Giberte* le 16 Juillet 1588, & enregiftré par la Chambre des Comptes de *Provence*, le 24 Mai 1613, fur la réquifition du Procureur Général du Roi en la même Chambre, qui dit que cet Arrêt a été rendu comme étant les différends des Ifles & autres de femblable qualité, de la Jurifdiction de la Cour des Comptes, & qu'il fert de décifion aux contentions que les Officiers *du Languedoc* pourroient faire naître ci-après pour raifon de ces Ifles.

L'on y trouve un long narré des moyens pour & contre, & dans les conclufions du Procureur Général du Roi au Grand Confeil, il eft dit: » *Cæpola* dit que depuis que les Parties » font d'accord que le fleuve eft la borne qui les fépare, ils » font en conféquence d'accord que le fleuve eft commun » entr'eux, & que la moitié en appartient en propriété à » chacun . . . . . . toutefois fi les *Provençaux* vouloient » répéter leurs anciennes hiftoires, ils pourroient maintenir » que tout le fleuve du *Rhone* a été autrefois en *Provence* » & qu'il eft tout à eux . . . . toutefois les *Pro-* » *vençaux* de préfent fe contentent de partager le *Rhone* par » moitié avec le Pays de *Languedoc*, que l'on appelle au-

» jourd'hui le Royaume : quant aux Isles qui naissent dans la
» riviere, elles dépendent, comme dit *Cassius* dans *Boccus*,
» des incertaines & inconstantes libéralités que le fleuve fait
» à celui des bords que bon lui semble, car s'il y amon-
» celle la terre & fait comme une Isle près du bord de la
» *Provence*, il la donne à la *Provence*, mais au contraire, il
» la donne au *Languedoc* ; & s'il fait l'Isle au milieu, il la
» partage & divise entre les deux Pays. «

Telle est la régle du droit qui régit les deux Provinces.
» Quant à l'Arrêt de l'an 1493. par lequel la Cour de
» Parlement de Toulouse désaisit les Habitans de *Barben-*
» *tane* de cette Isle, & casse tous les Arrêts de la Chambre
» des Comptes de *Provence*, l'animosité se découvre par
» trop par la seule lecture de l'Arrêt, lequel, quoiqu'il soit
» donné par une Cour de Parlement, *quæ utitur jure scripto*, est
» formellement donné contre le droit écrit, &c.

[*Nota.* Le Syndic des Etats de Provence étoit joint aux
Habitans de *Barbentane.*]

N°. 42. *sec.*
req.
1596.

Le Roi *Henry IV.* pour les besoins de son Etat ordonna
par un Edit du mois de Septembre 1596, que par les Commissaires qui seroient députés il seroit fait vente des Isles,
Islons & attérissemens de la riviere *du Rhone* appartenans à
Sa Majesté dans son Pays de *Provence*.

N°. 67. *prem.*
req.
1609.

Arrest du Grand Conseil entre le sieur *Saxi*, Ecuyer de la
Ville d'Arles, d'une part ; & le sieur *de Perault* Sénéchal *de
Beaucaire* & *de Nismes*, & Mᵉ. *Glaize*, Avocat, par lequel le
sieur *Saxy* est maintenu dans la possession d'une Isle située sur
le *Rhone*, au-devant des éperons *d'Arles*, & des crémens
successifs qui y étoient arrivés, inféodés à ses Auteurs par la

Chambre des Comptes *de Provence*, contre la demande des ſieurs *de Perault* & *Glaize*, qui prétendoient la même Iſle & crément dont ils avoient rapporté des inféodations, même antérieures à celles de *Saxy*, de la part des Officiers de *Languedoc*, ſous le prétexte que cet Arrêt condamne formellement ; que les Officiers de *Languedoc* avoient ſeuls le droit d'inféoder les Iſles *du Rhone*, comme appartenantes en entier à la Province.

L'on voit dans cet Arrêt un très-long narré des titres ; raiſons & productions reſpectives.

Au mois de Septembre 1611. le Roi *Louis XIII* accorda au ſieur *Saxy* des Lettres Patentes de confirmation de l'inféodation faite en 1539, par la Chambre des Comptes de *Provence*, de l'Iſle *de Tréſbon* avec ſes crémens, & l'exécution de ces Lettres Patentes eſt adreſſée aux Cours & Juges de *Provence*.

Nᵒˢ. 43 & 44. *ſec. req.* 1611.

Le 6 Septembre de la même année 1611, il fut rendu un Arrêt du Conſeil d'Etat entre le Procureur-Général & la Cour des Aydes *de Provence*, le ſieur *Jean-François Saxy* & autres, par lequel Sa Majeſté renvoie les Procès & différends concernant les Iſles, Iſlots & accroiſſemens de la riviere du *Rhone*, mûs & à mouvoir entre ſes ſujets du Comté *de Provence*, en ſa Cour de Parlement *d'Aix*, à laquelle Sa Majeſté en attribue toute Juriſdiction, privativement à ſon Grand Conſeil & autres Cours.

C'eſt donc une vérité prouvée de mille manieres & par tous les genres de preuves poſſibles, que la *Provence* a des Iſles, & que ſa Juriſdiction & ſes limites s'étendent ſur le *Rhone :* ſa derniere réunion à la Couronne n'a apporté aucun changement à ſon étendue : nos Rois l'ont déclaré par plufieurs Lettres Patentes, par des Edits, le Grand Confeil l'a jugé trois fois, & le Confeil d'Etat en a auffi porté le même jugement.

N°. 45. *fec.* req. 1617.

L'ISLON dit *du Colombier*, appartenant à la Communauté *de Boulbon*, ainfi que nous l'avons vu ci-deffus fous l'époque de 1263, fut donné par cette Communauté en payement à fes Créanciers, par acte du 10 Avril 1617; cette aliénation fut faite en exécution des Arrêts du Confeil & des décifions des Commiffaires députés pour la vérification & liquidation des dettes des Communautés, après l'eftimation qui en avoit été faite par des Experts dont un étoit *de Beaucaire*, & un autre *d'Aramon* en *Languedoc*; la poffeffion de cette Ifle par la Communauté *de Boulbon*, qui remontoit à plus de trois fiécles, & qui finit par un tel acte, eft furement à l'abri de toute critique.

N°s. 46. 47. 48. 49. 50 & 51. *fec. req.* 1612.

IL en eft de même du droit de Pefcherie appartenant à cette Communauté tout le long de fon terroir, dont nous produifons fix actes d'arrentemens depuis l'annés 1612, jufques en 1657.

N°. 52. *fec.* req. 1627.

NOUS produifons encore des Lettres Patentes du 31 Janvier 1627, portant commiffion aux Officiers de la Chambre des Comptes de *Provence* de vérifier les attériffemens, Ifles & Iflots. qui peuvent s'être formés le long de la riviere du *Rhone*, outre & par-deffus ceux qui ont été ci-devant baillés à titre de cens, & d'en donner avis à Sa Majefté.

N°. 52. *fec.* req. 1642.

NOMBRE de reconnoiffances paffées en 1642, pardevant les Commiffaires de la Chambre des Comptes *de Provence*, par

par les Habitans de *Barbentane* des biens qu'ils poſſédoient ſous la mouvance du Roi dans les Iſles *du Mouton*, *Malivert* & *Roquier*, qui avoient été anciennement inféodées à ces Habitans par la même Chambre des Comptes.

Arrest du Conſeil d'Etat du 31 Décembre 1670, qui, N°. 54. *ſec.* en confirmant la tranſaction paſſée en 1226, entre le Comte *req.* de *Provence* & le ſieur *de Lubieres* & autres, portant réſerve 1670. en faveur du ſieur *de Lubieres* du péage dit *de Lubieres*, & des droits qu'il avoit dans l'Iſle du même nom, maintient le ſieur *de Lubieres* ſucceſſeur du précédent, en la jouiſſance de ce péage *de Lubieres* dit des *Gentils-hommes*, tant par eau que par terre, dans toute l'étendue du terroir de *Taraſcon*, & déboute les Conſuls *d'Arles* de l'exemption qu'ils avoient prétendue du même péage, ſur le fondement que l'exemption générale des péages accordée à la Ville *d'Arles* par les Comtes *de Provence* en 1232, ne pouvoit s'appliquer qu'aux péages alors poſſédés par les Comtes, & non à ceux inféodés antérieurement à des Particuliers.

Arrest du Conſeil d'Etat rendu entre les Conſuls & N°.68. *prem.* Communauté *d'Arles*, & les Fermiers du Domaine, par *req.* lequel ſur la production d'une multitude de titres extraits 1687. des archives de la Chambre des Comptes *d'Aix*, & émanés des anciens Souverains de la *Provence*, Sa Majeſté en déclarant la directe univerſelle lui appartenir dans toute l'étendue du territoire de la Ville *d'Arles*, réunit à ſon Domaine divers autres droits qui avoient appartenu aux anciens Comtes de *Provence*, » & maintient ladite Communauté & les Particuliers » qui ont acquis d'elle, en la propriété, poſſeſſion & jouiſ- » ſance des Iſles, Iſlots, crémens & relais de la Mer & *du*

» *Rhone* depuis ladite Ville d'*Arles* jufques à la Mer , comme
» auffi dans la poffeffion des robines & dérivations d'eaux du
» *Rhone* ou de la Mer , à la charge de payer à l'avenir par
» chacun an au Domaine, en reconnoiffance de Seigneurie
» une redevance telle qu'elle fera réglée «; laquelle redevance fut enfuite réglée par Arrêt du Confeil du mois de
Décembre 1690, pour être payée à la recette du Domaine
de *Provence* qui a toujours continué de l'exiger.

N°.69.*prem.*
req.
1690.

A R R E S T du Confeil du 22 Août 1690 , par
lequel la Communauté de *Tarafcon* , moyennant 8000 livres
qu'elle paya au Roi par forme de deniers d'entrée, & une
albergue annuelle & perpétuelle de 400 livres, eft maintenue
dans les quartiers de fon terroir, dits *l'Eftel*, *Legués* & *Baral-*
lier: le Jugement des Commiffaires du 2 Mai 1687, portant
réunion au Domaine de l'Ifle *Dugués*, & qui avoit interloqué
fur les deux autres quartiers, eft caffé & annullé; » déclare
» Sa Majefté dès-à-préfent, en cas qu'à fin de caufe il fût
» ordonné que ladite albergue fera payée (au Sous-Fer-
» mier de *Languedoc*), lefdites terres ne pourroient pour ce
» être prétendues faire partie de ladite Province de *Languedoc*,
» & feront au contraire & demeureront, *comme elles ont tou-*
» *jours été* jufques à prefent, dans le compoix & taillabilité
» de *Tarafcon*, fans qu'elles puiffent jamais être fujettes à
» aucune impofition ordinaire de ladite Province de *Lan-*
» *guedoc*.

La conteftation entre les deux Sous-Fermiers de *Languedoc*
& de *Provence*, pour fçavoir auquel des deux l'albergue de
400 livres feroit payée, fut décidée en faveur du Sous-
Fermier du *Languedoc*, par Arrêt du Confeil du 8 Mai 1691.
Mais un pareil arrangement relatif à l'adminiftration des Fi-

nances, n'a jamais rien décidé fur les limites foncieres des deux Provinces. C'eft par la perception des impofitions réelles telles que les tailles, qu'il faut fe régler pour fçavoir de quelle Province eft un terrein.

LETTRES Patentes fur cet Arrêt du 22 Août 1690, adreffées au Parlement de *Touloufe & Chambre des Comptes, Aides & Finances de Montpellier*, ces Lettres ont été enregiftrées par la Chambre des Comptes de *Montpellier* le 16 Juin 1692.

N°.70. *prem. req.*
1691.

ARREST du Confeil portant abonnement avec les Procureurs du Pays, des droits prétendus par le Roi comme Comte de *Provence, à caufe de la direéte univerfelle,* des droits d'albergue & autres, moyennant la penfion de 35000 livres, *à la réferve des droits de tafque & de champart dûs à la recette du Domaine, pour les Ifles & crémens anciens & nouveaux de la riviere du Rhone & de la Durance.*

N°.72. *prem. req.*
1691.

ARREST du Confeil par lequel fur les offres des Propriétaires des Ifles & crémens de *Trefbon* quartier du terroir d'*Arles*, de payer au Roi une fomme de 7875 livres, & au Fermier du Domaine de *Languedoc* une albergue de 300 livres, pour éviter les incertitudes & les frais de Procès, à l'exemple de *Tarafcon* qui eft cité dans cet Arrêt, le Roi acceptant les offres confirme les Propriétaires dans la propriété, poffeffion & jouiffance des terres qu'ils poffédoient dans le territoire de *Trefbon*, pour en jouir à perpétuité comme ils auroient pu faire avant le jugement de réunion du 12 Juillet 1689, que Sa Majefté a caffé & annullé : » Veut en outre Sa Majefté, » que lefdites terres foient & demeurent comme elles ont » toujours été jufqu'à préfent, du territoire de la Ville

N°.71. *prem. req.*
1692.

» *d'Arles*, fans qu'elles puiffent jamais être fujettes à aucunes
» impofitions ordinaires & extraordinaires de la Province de
Languedoc.

Cet Arrêt eft revêtu de Lettres Patentes du 10 Septembre
1692, adreffées à la Cour des Comptes, Aides & Finances
de *Montpellier*, & enregiftrées par cette Cour le 13 Décembre
1692.

RESUMÉ *des titres de la Provence fur le Rhone.*

L'ABREGÉ chronologique des Titres que nous venons de
préfenter, peut être divifé en trois claffes.

La premiere, des Titres conftitutifs.

La feconde, des Aveux, Déclarations & Jugemens en
contradictoires défenfes.

Et la troifiéme, des Actes poffeffoires.

TITRES *conftitutifs.*

Plus modeftes & plus exacts que le *Languedoc*, nous n'ap-
pellerons jamais titres conftitutifs, des entreprifes ou des
actes émanés de l'autorité ou juridiction d'une feule Partie,
en abfence ou à l'infçu de l'autre, parce que nul ne peut fe
faire des titres à foi-même. Mais nous appellons titres conftitutifs, ceux qui font vraiment & valablement tranflatifs du
droit de propriété, & par lefquels le Souverain légitime ou
les Souverains refpectifs des terres de l'un & de l'autre côté
du *Rhone*, ont fait des difpofitions ou des conventions entre
eux.

Or, fi l'on examine de près la production du *Languedoc*;
l'on verra qu'il n'a pas un feul titre conftitutif de cette efpece;
il n'a que des preuves de crédit, d'entreprifes ambitieufes, &
du défir qu'il a eu de s'attribuer exclufivement le cours du
Rhone; au lieu que nous produifons un accord entre l'Archevêque d'*Arles* & *Raymond de Saint-Gilles*, par lequel celui-

ci , quoique du côté du *Languedoc*, reconnoît les droits de l'Archevêque *d'Arles* fur le territoire *d'Argence*, fur le péage des Navires &c.

Le traité de paix & de partage du *Rhone* depuis la *Durance* jufques à la Mer, entre le Comte de *Touloufe*, & celui de *Barcelonne* Comte de *Provence*.

Une conceffion de l'Empereur *Fréderic* en faveur de l'Ar‐chevêque *d'Arles*.

Plufieurs traités & prorogations d'affociation entre le Roi de *France* & le Comte de *Provence*, pour la vente & le tirage du fel par le *Rhone*.

Des Lettres Patentes du Roi qui en évoquant au Grand-Confeil tous les différends entre la *Provence* & le *Languedoc* touchant le *Rhone*, ont bien décidé que les Tribunaux du *Languedoc* n'ont pû faire des titres en faveur de leur Pro‐vince.

Pufieurs autres Lettres Patentes données par nos Rois depuis la réunion de la *Provence* à la Couronne, par lefquelles, Sou‐verains également des deux Provinces, & comme Comtes de *Provence*, ils ont ou confirmé des nouveaux baux d'Ifles, Iflots & crémens, paffés par la Chambre des Comptes de *Provence*, ou renvoyé à cette Chambre pour les paffer ; ils en ont ufé de même pour le Port de *Confolde* ; & des Com‐miffaires du Roi ont pareillement autorifé & maintenu par une tranfaction, le Seigneur de *Boulbon* dans des Ifles & atté‐riffemens du *Rhone*.

Ces divers titres conftitutifs font au nombre de dix-huit ; fous les numéros 1. 3. 23. 51. 55. 61. 63. 64. & 65. de la premiere requête : 3. 35. 38. 39. 40. 42. 43. 44. & 52. de la feconde requête ; & ils embraffent les époques de 1070. 1125. 1154. 1301. 1471. 1480. 1509. 1526. 1532. 1539. 1543. 1544. 1549. 1557. 1575. 1596. 1611. & 1627.

A v e u x,
Déclarations &
Jugemens en con-
tradictoires défen-
ses.

Ce font des dépofitions des Sujets même du Roi de *France*; qui conftatent le droit de la *Provence* fur des Ifles du *Rhone*, dans des articles propofés devant les Commiffaires refpectifs du Roi de *France* & du Roi de *Sicile* Comte de *Provence*.

Des Procès-verbaux de ces Commiffaires, dans lefquels on voit qu'ils ont traité avec une entiere égalité de droit & de pouvoir pour tout ce qui étoit dans le *Rhone*, & que les Officiers de *France* n'ont prétendu connoître feuls que de ce qui tenoit à la terre ferme de *France*.

Des révocations, des défaveux faits par les Officiers de *Beaucaire* & du *Languedoc*, à la réquifition de ceux de *Provence*, de criées & publications, d'entreprifes & de faifies que les Officiers du *Languedoc* avoient faites, foit fur des Ifles, foit fur le cours du *Rhone*.

Une décifion provifoire des Commiffaires des deux Souverains, en faveur des Habitans de *Provence*, au fujet d'une Ifle ou quartier qui étoit contefté.

Des tranfactions & accords entre des *Languedociens* & des *Provençaux*, touchant des Ifles qui font partagées, de façon que la moitié refte du côté de chaque Province.

Des Arrêts du Grand - Confeil, qui étoit le Tribunal compétant, enfuite de l'évocation ordonnée par les Lettres Patentes de 1509; lefquels Arrêts maintiennent des *Provençaux* dans des Ifles & crémens qui leur avoient été inféodés par la Chambre des Comptes de *Provence*, exclufivement aux inféodations faites à des *Languedociens* par les Officiers de *Languedoc*.

C'eft une Communauté de *Provence*, qui donne en payement à fes Créanciers un Iflon, enfuite d'Arrêts du Confeil & d'une eftimation faite par deux Experts, qui précifément fe trouvent l'un & l'autre *Languedociens*.

Ce font enfin d'autres Arrêts du Confeil qui maintiennent des Habitans & des Communautés de *Provence*, dans des péages fur le *Rhone*, concédés par les Comtes de *Provence*, dans des Ifles, crémens & relais, dans des terreins confolidés à la terre ferme, en expliquant même que ces terreins continueront d'être du territoire de *Provence*, quoique l'albergue annuelle ou les droits domaniaux foient payés au Fermier ou Sous-Fermier du Roi en *Languedoc ;* preuve certaine que cet arrangement de Finance fur la perception des droits du Roi, n'a rien de commun avec le droit territorial d'encadaftrement & de taillabilité.

Et parmi ces Arrêts du Confeil, il y en a de revêtus de Lettres Patentes enregiftrées par la Chambre des Comptes de *Montpellier.*

Ces différens titres font au nombre de 16, fous les numéros 24. 25. 29. 52. 66. 67. 68. 69. 70. 71. & 72. de la premiere requête : 32. 34. 41. 45. & 54. de la feconde requête, & ils embraffent les années 1306. 1307. 1327. 1332. 1474. 1477. 1504. 1576. 1587. 1609. 1617. 1670. 1687. 1690. 1691. & 1692.

LES actes poffeffoires font au nombre de 92, & ils rempliffent tous les temps depuis le onziéme fiécle. Ils juftifient la poffeffion conftante des *Provençaux*, de tous les droits que l'on peut avoir fur une riviere & fes dépendances ; poffeffion qui s'eft même étendue autrefois fur le territoire *d'Argence* & du côté *de Beaucaire ;* pêcheries, droit des alofes & des éturgeons, paffage, ufages ou péages, Rivages, Ports, Ponts, bacs, eaux & décours des eaux, robines & dérivations d'eaux, Ifles, Iflons, crémens, Salins & Gabelles, droit fur les Navires, droit de naufrage, armemens fur la

ACTES *poffeffoires.*

riviere, armes du Comte de *Provence* plantées fur des Ifles; proclamations & défenfes de leur autorité : voilà ce que l'on trouve dans tous nos actes poffeffoires anciens & modernes.

Parmi les péages *Provençaux* qui fe perçoivent fur le *Rhone*, le *Languedoc* a feulement entrepris dans ces derniers temps, d'impofer au vingtiéme le péage du *Baron* appartenant au fieur Marquis de *Mejames*, Citoyen de la Ville *d'Arles*; ce qui fait le fujet d'une conteftation particuliere, qui paroît moins férieufe que propre à montrer jufqu'où peuvent aller les préventions exceffives du *Languedoc*, & combien l'on doit fe défendre de donner à une Partie de tels avantages; car ce péage du *Baron* porte bien écrit fur fon frontifpice & fur tous fes attributs, qu'il eft péage *Provençal* : il tient à la Terre du *Baron* fituée en *Provence*; il eft inféodé avec cette Terre par les Comtes de *Provence*; il a toujours été compris avec tous les droits de la Terre, dans l'afforinement des Fiefs de *Provence*; il a été maintenu tel, & confirmé par le Roi comme Comte de *Provence*; il faut donc, ou que toute cette exiftance ne foit qu'une chimère, ou que ce péage foit & ne puiffe être impofé, que tel qu'il eft créé & fubfiftant, comme un bien uniquement du territoire de *Provence*.

Perfonne n'ignore que la Camargue qui fait partie du terroir *d'Arles*, eft l'Ifle la plus fertile & la plus étendue qu'il y ait dans le *Rhone*. Elle a fept lieües en longueur, & cette Ifle fi vafte eft paifiblement poffédée par les *Provençaux*; certainement ce n'eft pas un objet facile à fouftraire, & qui ait pû échapper aux lumieres du *Languedoc*.

Si l'analyfe que nous venons de faire ne laiffe aucun doute fur les droits de la *Provence*, la difcuffion dans laquelle nous allons entrer prouvera toute l'infuffifance des titres qu'on s'efforce de faire valoir contr'elle.

L'ARREST

L'Arrest du 8 Mars 1493, eſt la ſource des prétentions & des erreurs *du Languedoc* ſur le *Rhone*. Il eſt en même tems la cauſe des mépriſes des Hiſtoriens de cette Province & même des Géographes. Auſſi la *Provence* s'eſt-elle attachée dans ſon premier Mémoire *, à démontrer combien ce titre eſt vicieux dans ſa forme & dans ſa ſubſtance.

I I.

REFUTATION DES TITRES DU LANGUEDOC.

* Pages 94 & ſuivantes.

Le Conſeil vient de voir plus haut, qu'à cette époque de 1493 le *Languedoc* avoit déja fait quelques tentatives, mais furtives & timides, pour s'acquérir quelques avantages ſur le *Rhone* dans la partie contentieuſe. Celle qu'il fit en 1493 fut plus hardie & en même tems plus adroite.

Les *Languedociens* engagerent le combat avec l'Archevêque *d'Avignon* Seigneur de *Barbantane :* & ce que nous allons dire là-deſſus n'eſt que l'extrait même de l'Arrêt qu'on nous oppoſe.

Le *Languedoc* fit poſer les armes du Roi, comme Comte de Touloiſe, dans une des Iſles *du Rhone* où ſans doute elles n'avoient pas coutume d'être, puiſqu'on voit par l'Arrêt même que ces Iſles avoient été inféodées de l'autorité de la Chambre des Comptes *d'Aix.* Comme cette opération étoit une voie de fait, elle fut repouſſée par des moyens de la même eſpece. Les Officiers de l'Archevêque *d'Avignon vinrent, accompagnés de grand nombre de perſonnes armées de fléches & armes, & arracherent le pilier où étoient les armes* NOUVELLEMENT *poſées.*

Diſcuſſion abrégée de l'Arrêt de 1493.

La Chambre des Comptes *d'Aix* fit arrêter l'Huiſſier qui avoit été chargé de planter le pilier, lui fit faire amende honorable en chemiſe, & le fit promener dans la Ville de *Taraſcon* en cet état au ſon de la Trompette.

Le Parlement *de Touloiſe* voulut ſoutenir cette entrepriſe;

H

& députa un de ses Présidens pour informer des faits. A peine ce Président parut-il sur les lieux, que l'on se présenta pour décliner sa Jurisdiction, & que lui-même fut *décrété d'ajournement personnel* par la Chambre des Comptes *d'Aix*.

Le même Parlement fit assigner & réassigner le Procureur Général du Roi en *Provence*, & les autres Parties interressées qui pouvoient demeurer dans cette Province. Personne ne comparut ; l'Arrêt donne défaut contre tous les *Provençaux*, & quelque chaleur qu'eut mise dans cette affaire le Parlement *de Toulouse*, quelque avantage que le *Languedoc* eut par le défaut de défense de ceux qu'il attaquoit, il ne put obtenir qu'un Arrêt *provisoire*, portant que les *Défaillans* seroient encore réassignés. On lui adjuge bien le *Rhone* & toutes ses Isles & crémens vis-à-vis l'Archevêque *d'Avignon*, avec des défenses aux Officiers de *Provence* de troubler le Procureur Général de *Toulouse* pour le Roi dans la possession de la riviere & de ses accessoires ; mais, » *le tout*, porte » l'Arrêt, *par maniere de provision & jusqu'à ce qu'il en soit* » *ordonné sur le principal* ; sur lequel le susd. Archevêque *d'A-* » *vignon*, ses Officiers temporels, Manans & Habitans de » *Barbantane*, notre Procureur de *Provence*, Maîtres des » Comptes, Juge-Mage & autres Officiers dudit Comté, » comparoîtront pour voir maintenir *définitivement* notre » Procureur Général &c. »

Ainsi le titre victorieux du *Languedoc* est un Arrêt de conflit entre le Parlement de *Toulouse* & la Chambre des Comptes *d'Aix*. Chacune des deux Jurisdictions décide ce qui favorise sa propre cause. L'une envoye un Commissaire sur les lieux ; l'autre décrete ce Commissaire d'ajournement personnel & fait faire amende honorable à l'Huissier. L'une fait donner des assignations & l'autre les méprise. Enfin, la plus entreprenante n'ose donner qu'un Arrêt provisoire & abandonne le fond de la conteſtation. Cet Arrêt ne reçoit aucune exécution, au contraire, voici quel cas on en a fait dans le tems même où il venoit d'être rendu.

Il paroît par un Arrêt que nous rapportons, * qu'en 1500, c'eſt-à-dire ſept ans après l'Arrêt de 1493, le Conſeil voulut faire ceſſer les conflits de Juriſdiction que le *Languedoc* élevoit ſans ceſſe au ſujet des Iſles du *Rhone*. *Louis XII.* donna dans ce deſſein des Lettres Patentes, par leſquelles il annulle toutes ces procédures reſpectives, & donne au Grand-Conſeil l'attribution de toutes les affaires de ce genre.

* No. 66 d. no-tre prem. rec.

Bientôt les *Provençaux* ſont traduits dans ce nouveau Tribunal. Les Habitans *de Barbantane* contre leſquels ſont dirigées de nouvelles hoſtilités, ſont obligés de dire en 1587, contre l'Arrêt de 1493, une partie des moyens que nous venons d'expoſer. Le Procureur Général du Grand-Conſeil lui même en parlant de cet Arrêt, dit que, *l'animoſité ſe découvre par trop par la ſeule lecture de l'Arrêt, lequel quoiqu'il ſoit donné par une Cour de Parlement,* quæ utitur jure ſcripto, *eſt formellement donné contre le droit écrit,* qui veut en effet que les Iſles d'un Fleuve appartiennent à ceux qui ſontPropriétaires du Fleuve même ; qui veut encore que celui qui eſt en poſſeſſion du fond litigieux, jouiſſe du même fond par proviſion, & pendant le Procès ſur le principal. Le Procureur Général ajoute ; *que l'Arrêt* (de 1493) *a déſaiſi aux pauvres Habitans animeuſement les terreins dont il s'agiſſoit, combien qu'ils euſſent la borne qui eſt la riviere du Rhone, laquelle clairement leur adjuge la propriété, & déclare auſſi les Juges de Languedoc incompétens dans ce fait.*

Tel eſt le jugement que l'on portoit dès 1587, de l'Arrêt de 1493, & c'eſt conſéquemment à ces idées que le 13 Avril 1587 le Grand-Conſeil rend l'Arrêt dont nous tirons ces

éclairciſſemens, & par lequel, ſans avoir aucun égard au prétendu titre déciſif *du Languedoc*, on adjuge aux *Provençaux*
les mêmes Iſles que le Parlement *de Touloufe* avoit données
par proviſion aux *Languedociens*.

Quelques années après, ceux-ci oſerent encore oppoſer
au Propriétaire de l'Iſle *de Saxi*, le même Arrêt de 1493;
on leur répondit que *cet Arrêt étoit par défaut, qu'il avoit
été révoqué en 1500, que c'étoit une entrepriſe de Parlement .
. . . . & que ceux de Languedoc avoient acquieſcé à la
démolition & caſſation qui en a été faite par ceux de Provence.*
Ce ſont les propres termes du vû d'un Arrêt du Grand-Conſeil du 30 Septembre 1609, qui eſt produit. *

Ainſi non-ſeulement l'Arrêt de 1493 que le *Languedoc* a
encore le courage d'oppoſer après tous les revers qu'il a
eſſuyés, n'a jamais eu la moindre exécution, mais encore
il a été plus d'une fois diſcuté, caſſé, & annullé.
L'Arrêt de 1587, les Lettres Patentes de 1500, & l'Arrêt
de 1609, qui tous le révoquent ou le contrediſent, n'ont
jamais été même attaqués, & cependant ce doit être un
(ſiécle après) un boulevard inexpugnable qui doit faire diſpa-
roître tout autre tittre.

Le *Languedoc* nous fournit lui-même des preuves ſans
nombre, que la poſſeſſion n'a pas ceſſé d'appartenir à la *Provence*, même à compter des premieres années de ſon Arrêt
de 1493. L'on peut voir dans le cayer imprimé de ſes piéces,
le vû de l'Arrêt du 26 Juillet 1681, que nous diſcuterons
dans un moment, & l'on ſera ſurpris de la quantité d'actes
de poſſeſſion que la Communauté de *Barbantane* rapportoit,
& qui nous manquent aujourd'hui. Dès le premier Septembre
1495, les Iſles contentieuſes y furent données à ces Habitans à emphithéoſe & nouveau bail, par la Chambre des

No. 67 de la
prem. req. & du
prem. Mém.

Comptes *d'Aix*. Le 14 Avril 1597, Arrêt du Grand-Conseil qui caſſe une adjudication que la veuve du Receveur de l'équivalent *de Languedoc* s'étoit fait faire de ces Iſles, avec défenſes de troubler ceux *de Barbantane* dans leur jouiſſance, *les Syndics des Etats de Provence joints à eux*: quittances d'amortiſſemens, de Francs-fiefs, de lods & ventes payés pour ces Iſles en *Provence*. Arrêt du Conſeil du 10 Février 1665, qui renvoye les Parties en la Cour des Aydes *d'Aix*, ſur une demande de Francs-fiefs du Receveur de *Languedoc*, lequel eſt condamné à la reſtitution des ſommes exigées. Des Procès-verbaux, des actes, des tranſactions, des publications & nombre d'autres titres également déciſifs, ſont viſés dans ce même Arrêt rapporté par le *Languedoc*. Tous concourent au même point, c'eſt que jamais ſon Arrêt de 1493 n'a rien changé à l'ancien état des choſes, & que la *Provence* a toujours été maintenue contradictoirement avec ſes Adverſaires dans tous ſes droits ſur le *Rhone*.

L'Arrêt du Conſeil du 26 Juillet 1681, dans lequel on affecte la même confiance qu'en celui de 1493 n'eſt pas plus favorable aux chimères *du Languedoc*. Il paroît par l'Arrêt même, que Sa M. avoit fait, antérieurement à cette époque, un traité avec *Jean Vialet*, pour le recouvrement des Francs-fiefs de toutes les Iſles *du Rhone*. Le *Languedoc* avoit obtenu le 28 Juillet 1678, un Arrêt du Conſeil qui *l'avoit ſubrogé à ce traité*. Il ſe préſentoit en cette qualité pour faire payer les Habitans *de Barbantane*, à raiſon des Iſles qu'ils poſſédoient dans le Fleuve. Ces Habitans ne faiſant pas attention que le *Languedoc* n'agiſſoit pas comme *Languedoc*, mais comme *ſubrogé* à un traité particulier, refuſoient de lui payer les Francs-fiefs. S'ils euſſent réfléchi que le Roi étoit libre de traiter avec qui bon lui ſembloit pour des droits de

Diſcuſſion de l'Arrêt de 1681.

Francs-fiefs, ils n'auroient pas élevé de contestation.

En effet, les Francs-fiefs ne sont point comme les tailles, des impositions réelles qui puissent rien préjuger sur le fond des terreins. Les Etats de *Bretagne* auroient pu comme ceux de *Languedoc*, se faire subroger au traité de *Vialet*, sans qu'on en eût pu conclure que le *Rhone* eût été une dépendance de la *Bretagne*. La subrogation que le *Languedoc* avoit obtenue ne changeoit rien à l'imposition des tailles, qui, suivant le propre langage de nos Adversaires, peut seule influer sur la question de la propriété des fonds. Les tailles des Isles sur lesquelles on demandoit le Franc-fief n'en étoient pas moins imposées en *Provence*, & n'ont pas cessé de l'être jusqu'aujourd'hui, quoique le *Languedoc* ait agi en 1681 comme subrogé à *Vialet*. C'étoit donc sans un véritable intérêt que les Habitans de *Barbantane* refusoient de payer aux Représentans *Vialet* : aussi furent ils condamnés par l'Arrêt que nous oppose le *Languedoc*, à payer les droits à la Province qui s'étoit fait subroger au Traitant.

C'est cependant un Arrêt rendu dans de pareilles circonstances, qu'on produit comme ayant décidé la question de la propriété *du Rhone :* l'on a même la bonne foi d'annoncer dans le titre, qu'il juge que le Franc-fief des Isles du côté de la *Provence* doit être payé en *Languedoc*, *attendu que ce Fleuve fait partie de ladite Province d'un bord à l'autre :* Il faut croire qu'une supposition de cette espece est faite à l'insçu des personnes respectables qui composent les trois Etats de *Languedoc*.

Ce n'est point sur la perception de droits domaniaux que la *Provence* fonde ses droits sur le *Rhone :* elle n'a pas comme le *Languedoc*, besoin d'un aussi foible secours. Elle sçait que des arrangemens de Finance peuvent exiger, pour la facilité de

la perception des Francs-fiefs & des autres droits de cette
espece, que le Roi les fasse recouvrer par des Traitans Généraux comme *Vialet*, auxquels chaque Province ou tous
autres peuvent se faire subroger. Mais c'est la perception des
impositions réelles qui annonce ses droits : quoique *Vialet* ou
ses Subrogés ayent reçu les Francs-fiefs des Isles appartenantes aux Habitans de *Barbantane*, la *Provence* n'en a pas
moins perçu sur ces mêmes Isles les tailles qui sont réelles
en *Provence* comme en *Languedoc*. Elle les perçoit encore
aujourd'hui. On ne sçauroit trop le répéter ; l'on défie le *Lan-*
guedoc de citer aucune époque, où il ait touché aux tailles
de ces Isles. Il produit lui-même dans le vû de l'Arrêt que
nous discutons, une foule d'actes qui prouvent qu'avant sa
subrogation au Traitant en 1678, les Fermiers des Domaines
de *Provence* percevoient les Francs-fiefs & les autres droits
domaniaux sur ces Isles. Tout ce qu'il peut donc conclure
de son Arrêt de 1681, c'est qu'à cette époque le Roi voulut
ôter la perception de ces droits aux Fermiers du Domaine
de cette Province, pour les donner à *Vialet*, & qu'il préféra
de substituer la Province de *Languedoc* à ce Traitant : mais
en induire que l'Arrêt juge que ces droits lui furent donnés à
percevoir, *attendu que le Rhone fait partie du Languedoc d'un*
bord à l'autre : c'est une hardiesse qui passe les bornes d'une
défense légitime.

Un dernier mot sur cet Arrêt, c'est qu'il est rendu sans que
les Syndics ou Procureurs du Pays de *Provence* y fussent
Parties. Le *Languedoc*, en formant comme il l'a fait dans
ces derniers tems, opposition à l'Arrêt rendu en 1690, en
faveur de la Ville de *Tarascon*, comme tiers non entendu,
nous a tracé la route que la *Provence* pourroit suivre, si
elle le croyoit nécessaire contre l'Arrêt de 1681 : mais cet

Arrêt eft fi peu concluant, qu'elle s'eft cru difpenfée d'une pareille formalité.

Le troifiéme Arrêt que le *Languedoc* oppofe à la *Provence* eft celui du 8 Mai 1691. Cet Arrêt eft également rendu, fans que le Corps de la Province ni même aucun de fes Habi-tans y ayent été entendus ni Parties. Il décide encore une contestation de Finance qui s'étoit élevée entre les Fermiers des Domaines de *Provence*, du *Languedoc*, & de *Dauphiné*, pour fçavoir auquel devoient fe payer les droits dûs au Roi pour les Ifles du *Rhone*.

L'on voit par les prétentions de ces trois Fermiers, vifées dans l'Arrêt, qu'ils étoient tous dans la même erreur, & qu'ils ne croyoient pouvoir gagner leur caufe qu'en agitant la queftion de la propriété du *Rhone* & de fes accefloires ; comme fi pour des droits purement demaniaux & non réels, il étoit queftion d'entamer les limites foncieres des diffé-rentes Provinces : comme fi le Roi n'étoit pas le maître de faire percevoir fes droits fur tout le cours d'un Fleuve en quelque Province qu'il paffe, par un Fermier Général ou par des Fermiers particuliers.

Quoiqu'il en foit, chaque Fermier fe crut affez fort pour agiter une pareille queftion, fans le fecours d'aucune des Provinces. Celle *de Languedoc* ne manqua cependant pas d'aider le Fermier défigné pour fa Province, tant de fon Arrêt de 1493, que de celui de 1681 relatif aux Francs-fiefs : & après avoir fait illufion en 1681 avec cet Arrêt de 1493, il n'héfita pas à occafionner la même erreur en 1691 : car le Fermier du Domaine de cette Province en faifant rendre un Arrêt en fa faveur, y fit déclarer le *Rhone* & fes dépendances, faire partie du *Languedoc, conformément*, porte l'Arrêt du Confeil, *audit 'Arrêt du Parlement de Touloufe du 8 Mars 1493.* Mais la perception des Francs-fiefs & des autres droits de cette espece, que le Roi les faffe reçouvrer par des Traitans Généraux comme *Vialet*, auxquels chaque Province ou tous autres peuvent fe faire fubroger. Mais c'eft la perception des impofitions réelles qui annonce fes droits : quoique *Vialet* ou fes Subrogés ayent reçu les Francs-fiefs des Ifles appartenantes aux Habitans de *Barbantane*, la *Provence* n'en a pas moins perçu fur ces mêmes Ifles les tailles qui font réelles en *Provence* comme en *Languedoc*. Elle les perçoit encore aujourd'hui. On ne fçauroit trop le répéter ; l'on défie le *Languedoc* de citer aucune époque, où il ait touché aux tailles de ces Ifles. Il produit lui-même dans le vû de l'Arrêt que nous difcutons, une foule d'actes qui prouvent qu'avant fa fubrogation au Traitant en 1678, les Fermiers des Domaines de *Provence* percevoient les Francs-fiefs & les autres droits domaniaux fur ces Ifles. Tout ce qu'il peut donc conclure de fon Arrêt de 1681, c'eft qu'à cette époque le Roi voulut ôter la perception de ces droits aux Fermiers du Domaine de cette Province, pour les donner à *Vialet*, & qu'il préféra de fubftituer la Province de *Languedoc* à ce Traitant: mais en induire que l'Arrêt juge que ces droits lui furent donnés à percevoir, *attendu que le Rhone fait partie du Languedoc d'un bord à l'autre :* c'eft une hardieffe qui paffe les bornes d'une défenfe légitime.

Un dernier mot fur cet Arrêt, c'eft qu'il eft rendu fans que les Syndics ou Procureurs du Pays de *Provence* y fuffent Parties. Le *Languedoc*, en formant comme il l'a fait dans ces derniers tems, oppofition à l'Arrêt rendu en 1690, en faveur de la Ville de *Tarafcon*, comme tiers non entendu, nous a tracé la route que la *Provence* pourroit fuivre, fi elle le croyoit néceffaire contre l'Arrêt de 1681 : mais cet

Arrêt eſt ſi peu concluant, qu'elle s'eſt cru diſpenſée d'une pareille formalité.

Diſcuſſion de l'Arrêt de 1691.

Le troiſiéme Arrêt que le *Languedoc* oppoſe à la *Provence* eſt celui du 8 Mai 1691. Cet Arrêt eſt également rendu, ſans que le Corps de la Province ni même aucun de ſes Habitans y ayent été entendus ni Parties. Il décide encore une conteſtation de Finance qui s'étoit élevée entre les Fermiers des Domaines de *Provence*, du *Languedoc*, & de *Dauphiné*, pour ſçavoir auquel devoient ſe payer les droits dûs au Roi pour les Iſles du *Rhone*.

L'on voit par les prétentions de ces trois Fermiers, viſées dans l'Arrêt, qu'ils étoient tous dans la même erreur, & qu'ils ne croyoient pouvoir gagner leur cauſe qu'en agitant la queſtion de la propriété du *Rhone* & de ſes acceſſoires, comme ſi pour des droits purement domaniaux & non réels, il étoit queſtion d'entamer les limites foncieres des différentes Provinces : comme ſi le Roi n'étoit pas le maître de faire percevoir ſes droits ſur tout le cours d'un Fleuve en quelque Province qu'il paſſe, par un Fermier Général ou par des Fermiers particuliers.

Quoiqu'il en ſoit, chaque Fermier ſe crut aſſez fort pour agiter une pareille queſtion, ſans le ſecours d'aucune des Provinces. Celle *de Languedoc* ne manqua cependant pas d'aider le Fermier déſigné pour ſa Province, tant de ſon Arrêt de 1493, que de celui de 1681 relatif aux Francs-fiefs : & après avoir fait illuſion en 1681 avec cet Arrêt de 1493, il n'héſita pas à occaſionner la même erreur en 1691 : car le Fermier du Domaine de cette Province en faiſant rendre un Arrêt en ſa faveur, y fit déclarer le *Rhone* & ſes dépendances, faire partie du *Languedoc*, *conformément*, porte l'Arrêt du Conſeil, *audit* *Arrêt du Parlement de Toulouſe du 8 Mars 1493.* Mais

Mais en croyant ainſi fortifier l'erreur on ne voyoit pas que l'on fourniſſoit en même tems le moyen de la faire réparer, puiſqu'on en indiquoit la ſource, c'étoit en effet ſurprendre viſiblement la religion du Conſeil, que de lui préſenter comme un titre valable un Arrêt de conflit, un Arrêt rendu par défaut, un Arrêt caſſé & annullé, produit deux fois au Grand-Conſeil, & conſtamment mépriſé par des Arrêts contradictoires & ſolemnels, qui avoient jugé le contraire de celui que l'on offroit au Conſeil comme ſubſiſ-tant & exécuté.

D'ailleurs le *Languedoc* toujours peu fidèle dans les titres qu'il met à ſes Arrêts, n'a eu garde d'annoncer la reſtriction que contient celui que nous diſcutons. En ſuppoſant que des Arrêts rendus pour des droits domaniaux, prouvaſſent quel-que choſe ſur la propriété des fonds, celui de 1691 ne donne pas à beaucoup près une victoire complette au Fer-mier *du Languedoc*, il réſerve au contraire expreſſément à celui *de Provence*, la perception des mêmes droits relatifs à la Ville *d'Arles, en la jouiſſance deſquels Sa Majeſté l'a main-tenu & gardé.* C'eſt cette réſerve fâcheuſe pour nos Adver-ſaires, qui leur a fait avouer dans leur derniere requête *que cette Ville a des titres de conceſſion qui lui ſont particuliers.* Ils auroient dû ajouter pour l'honneur de la vérité, que ces titres ſont émanés des Souverains *de Provence*, & ont été rendus autentiques par la Chambre des Comptes *d'Aix*, & que les autres titres que nous produiſons & qu'ils combattent, ſont de la même eſpece.

Mais quand nous ne tirerions de cet aveu & de cette réſerve portée par l'Arrêt de 1691, que l'avantage de faire voir que d'après les propres titres de nos Adverſaires, il n'eſt point vrai qu'ils ſoient Propriétaires *du Rhone* d'un bord à l'autre ;

I

ce feroit fans doute une preuve non fufpecte de l'excès de leurs prétentions. De leur aveu la Ville *d'Arles* a donc des titres qui leur ôtent la propriété entiere *du Rhone* & de fes dépendances, l'Arrêt même qui leur donne par erreur & fur un faux titre la totalité de cette riviere & de fes acceffoires, eft le titre même qui prouve le contraire de ce qu'ils lui font juger. C'eft d'un autre côté dans la requête même où l'on veut envahir le *Rhone* entier, & fans exception d'un bord à l'autre, où il échape l'aveu qu'une Ville de *Provence* y a des droits inconteftables. Telles feront toujours les inconféquences dans lefquelles on tombera toutes les fois que l'on voudra fe ménager des avantages aux dépens de la juftice & de la vérité.

La *Provence* au refte a-t'elle, dans le fait, perdu un pouce de terrein en conféquence de cet Arrêt qui donne au *Languedoc* le *Rhone* d'un bord à l'autre ? Non fans doute. Il ne paroît même pas que cet Arrêt ait jamais été notifié au Corps de la Province, c'eft une piéce furtive que le *Languedoc* s'eft ménagée, & dont il n'a ofé faire aucun ufage direct contre les Etats *de Provence*, fes feules Parties légitimes. Les *Provençaux* Propriétaires des Ifles *du Rhone*, des péages, des crémens, des droits de pêche, n'ont pas même eu connoiffance de cet Arrêt clandeftin, qui dans aucun tems n'a reçu la moindre exécution. On l'a apprécié à fa jufte valeur, en ne le regardant que comme faifant un arrangement de Finance qui ne pouvoit operer le plus leger effet, relativement à la propriété des fonds, & qui n'étoit nullement capable de changer les limites des deux Provinces, fans que leurs Adminiftrateurs y fuffent Parties ni entendus. Quelle caufe, que celle où l'on eft obligé de préfenter de pareils Arrêts comme des titres décififs !

L'on nous en oppofe encore un de la même force, c'eft celui de 1743 qui oblige la Communauté de *Mondragon* à payer fa capitation en *Languedoc*; la capitation n'eft pas plus un droit réel que les Francs-fiefs. *Mondragon* eft une Communauté détachée du Corps de la *Provence*, elle eft enclavée dans le *Comtat* & le *Dauphiné*, & fituée fur une partie du *Rhone* fupérieure à la *Durance*, où la *Provence* ne difpute rien au *Languedoc*.

Difcuffion d' l'Arrêt de 1743 pour Mondragon.

Tels font cependant les feuls Arrêts (outre celui de 1724) qui concernent la *Provence*, dans un recueil de près de 150 pages d'impreffion, produit comme contenant les feuls titres du *Languedoc* : car les autres dont nous allons dire un mot, ne regardent que le *Dauphiné* & le *Comtat-Vénaiffin*, ou la partie du *Rhone*, fupérieure à celle qui fait la matiere du Procès.

Les Arrêts produits par le *Languedoc*, quoiqu'étrangers à l'affaire actuelle font en grand nombre. Six regardent le *Dauphiné*. Le premier eft du 7 Décembre 1685, & décida en faveur du Parlement de Touloufe un conflit qui s'étoit élevé avec celui de Grenoble à l'occafion d'Ifles fituées dans le *Rhone*, du côté du *Dauphiné*. Le fecond & le troifiéme du 5 Octobre 1705, & du 16 Décembre 1710, renvoyent à la Chambre des Comptes de *Montpellier* des procédures faites par le Fermier de l'équivalent de *Languedoc*, contre des Habitans de quelques Ifles du *Rhone* le long du *Dauphiné*. Le quatriéme eft du 10 Octobre 1707, & décide la même chofe contre d'autres Habitans du *Dauphiné*. Le cinquiéme & le fixiéme, qui font de 1738 & de 1748, ordonnent que le dixiéme des péages de M. le Duc de *Valentinois*, fera payé en *Languedoc* & non en *Dauphiné*.

Difcuffion fommaire des Arrêts étrangers à l'affaire.

Arrêt contre le Dauphiné.

Ces fix Arrêts prouvent, fi l'on veut, tout ce que le

Languedoc peut défirer contre le *Dauphiné*; mais que prouvent-ils contre la *Provence*? Ou le *Dauphiné* s'eft mal défendu, ou les droits du *Languedoc* contre lui étoient inconteftables. Mais qu'importe à la *Provence*, qui a des titres particuliers & des droits très-indépendans de ceux du *Languedoc*, vis-à-vis d'une Province qui n'a rien de commun avec elle?

Ce qu'il eft important de remarquer dans les moyens que l'on oppofoit au *Dauphiné*, c'eft que le *Languedoc* mettoit en fait, & prouvoit fans doute qu'il avoit de tout tems perçu les tailles fur les Ifles du *Rhone*, qui font vis-à-vis le *Dauphiné*, d'où il concluoit avec avantage que cette perception de tailles étoit la plus forte preuve que l'on pût rapporter contre la Province, qui n'avoit levé aucune impofition fonciere fur ces terreins. Rien en effet de plus concluant pour le *Languedoc*. Mais cette même preuve décifive, nous l'avons contre lui: dans tous les tems la *Provence* a perçu les tailles fur les Ifles que le *Languedoc* veut lui enlever, & jamais il ne les y a perçûes; donc d'après fes propres principes, la propriété eft démontrée contre lui.

La faculté de percevoir le dixiéme des biens de M. de *Valentinois* eft encore un événement favorable à la *Provence*: car fi le *Languedoc* avoit cru avoir contr'elle les mêmes droits fur les péages de *Provence* que fur ceux le long du *Dauphiné*, il n'auroit pas manqué de folliciter un pareil Arrêt contr'elle. Le très ancien péage de *Tarafcon* poffédé de tous tems par les *Céleftins*, celui de *Lubieres*, confirmé en 1226 par le Comte de *Provence*, & par Arrêt du Confeil de 1670, poffédé encore aujourd'hui par M. de *Lubieres*, ceux de la Ville d'*Arles*: tous font reftés à la *Provence*, & les Arrêts obtenus par le *Languedoc* contre le *Dauphiné* & M. de *Valentinois*, ne l'ont pas enhardi à attaquer ceux de *Provence*,

par ce qu'il a reconnu lui-même que les deux Provinces ayant des droits différens, ceux qu'il avoit contre l'une ne lui en donnoient aucuns contre l'autre. Ainsi si la perception du dixiéme contre l'une est une preuve de sa propriété sur cette partie du Fleuve, la même perception doit prouver la même propriété de l'autre contre lui.

Nous ferons à peu près la même réponse aux trois Arrêts qui ne concernent que le *Comtat d'Avignon*. Ils sont du 16 Mars 1719, du 22 Janvier 1726 & du 10 Février 1728. Nous avons toujours été d'accord avec le *Languedoc* sur ce point. Jamais sa Sainteté ni les Habitans du *Comtat* n'ont eu aucun droit sur le *Rhone* : mais nous soutenons en même tems que les nôtres sur ce Fleuve sont aussi anciens que la *Provence* même, & qu'il n'a jamais cessé de couler sur notre terrein depuis la *Durance* jusques à la Mer. L'on ne voit donc pas quelle peut avoir été la raison du *Languedoc* de produire des Arrêts qui n'ont aucun trait à l'affaire. Ils ne méritent pas plus de discussion que ceux relatifs au *Dauphiné*. *Arrêts contre le Pape.*

Nos Adversaires ont tellèment affecté de grossir le recueil de leurs prétendus titres sur le *Rhone*, qu'ils y ont inféré jusqu'à deux Arrêts de pure forme, l'un du 24 Août 1756, l'autre du 6 Juin 1758, qui les reçoivent opposans à d'autres Arrêts, & les renvoyent en grande Direction pour leur être fait droit sur leurs demandes ; il faut que la faveur d'être reçu opposans paroisse au *Languedoc* un bien précieux avantage, puisqu'il l'annonce comme un triomphe, dans un Mémoire qu'il a signifié contre les Habitans de *Tarascon*. *Arrêts de forme.*

Les Etats de *Languedoc* n'ont pas manqué de faire imprimer au nombre de leurs Actes, les réponses du Roi aux cayers des Etats de *Provence*, dans lesquelles ceux-ci deman- *Réponses du Roy aux cayers de Provence.*

doient les Isles & crémens du *Rhone*, moins parce qu'ils ne les avoient pas tous, que pour tarir la source des Procès que l'incertitude des limites des deux Provinces faisoit naître. Les *Provençaux* n'avoient jamais cessé, dans le fait, de posséder ces accessoires avec le Fleuve même dans la partie dont il est question ; & dans le droit, ils se voyoient tous les jours en Procès avec ceux de *Languedoc* qui leur opposoient l'Arrêt de 1724 & celui rendu en 1726 contre le Pape. Il étoit tout naturel aux Administrateurs de cette Province, de désirer la fin·de tant de contestations ruineuses pour ses Habitans.

Mais tant qu'ils n'attaquoient pas par les voyes de droit cet Arrêt de 1724, le Roi ne pouvoit que refuser leurs demandes, attendu que le dernier état paroissoit être contr'eux, quoique cet Arrêt n'eût jamais eu d'exécution contre le Corps de la Province. Les réponsesauxcayers de la *Provence* ne jugent donc rien. Elle attaque aujourd'hui dans les formes, l'Arrêt qui faisoit obstacle au succès de ses représentations ; & en le faisant retracter, tout ce qui a été fait en conséquence tombe de soi-même.

Discussion de l'avertissement. Ces prétendus titres sont suivis dans le recueil du Languedoc d'un *avertissement* qui en fait le corollaire, & dans lequel (on le dit avec confiance) il n'y a pas un mot de vrai & qui ne soit formellement démenti par tous les titres de *Provence* : voici ce qu'on y dit avec une sécurité inexcusable.

» Les décisions qui composent ce recueil constatent évi-
» demment le droit que nos Rois ont eu, comme Rois de
» *France*, de tems immémorial & notamment avant l'union
» de la *Provence* à la Couronne, sur le lit entier du *Rhone*,
» ainsi que sur ses Isles, crémens & attérissemens qui faisoient
» alors & qui n'ont point cessé de faire partie de la Pro-

» vince du *Languedoc* «. L'on ne voit pas un mot dans ce peu
de lignes qui ne renferme une erreur, foit dans le droit, foit
dans le fait : ce qui fuit renchérit encore fur toutes ces abfur-
dités. » Soumettre à de nouveaux examens (continue-t-on)
» *l'ancien droit Royal* fi manifefte par lui-même, inhérent à
» la Couronne & Juftice de *France*, foutenu par une poffef-
» fion non interrompue, difcuté fouvent *avec la plus fcrupu-*
» *leufe exaftitude* & toujours *uniformement* confirmé, ce feroit
» éternifer les difcuffions &c. «

Quelle confiance le Confeil peut-il prendre dans un pareil
fyftême de défenfe, où les affertions les plus hazardées font
fubftituées aux bonnes raifons, où l'on ne refpecte pas plus
la vérité dans les faits, que la faine doctrine dans le droit,
où l'on préfente le droit du Roi comme étant en queftion,
comme s'il s'agiffoit de faire perdre le *Rhone* au Roi dès qu'on
décideroit qu'il fait partie de la *Provence*, où l'on ofe affurer
que la queftion a été *fouvent* difcutée avec *la plus fcrupu-*
leufe exaftitude, tandis qu'elle ne l'a jamais été une feule fois
qu'elle n'ait été jugée en faveur des *Provençaux* ! N'importe,
le *Languedoc* avance hardiment qu'elle l'a toujours été en fa
faveur, & il fait cette affertion dans le moment même où il
eft forcé de fe faire recevoir oppofant à des Arrêts contraires,
exécutés depuis plus d'un demi fiécle : tandis en un mot qu'il
eft lui-même forcé d'avouer qu'une partie du *Rhone* & de
fes Ifles appartient à une Ville de *Provence*, *Arles*.

Cet avertiffement infidieux eft fuivi d'une *table chronolo-*
gique des actes que le *Languedoc* cite, mais qu'il ne rapporte
pas, pour prouver fes droits fur le *Rhone* & fur fes dépendances. Lorfqu'on ne donne, comme il le fait, que l'extrait
en deux mots d'une piéce, il eft aifé de lui faire dire tout
ce que l'on veut. On fe gardera bien d'entrer ici dans la dif-

Difcuffion de la table chronologi-que.

cuſſion particuliere de chacun de ces actes, on ſe contentera de quelques obſervations générales, ſuffiſantes pour faire voir combien ils ſont peu concluans.

1°. Si on retranchoit de la liſte tous ceux qui ne regardent point la *Provence*, on les réduiroit à un très-petit nombre. On l'a déja dit, tout ce qui regarde le *Dauphiné*, le *Vivarais*, le *Lionnois*, le *Comtat* & tout le cours du Fleuve ſupérieur à la *Durance*, eſt abſolument étranger à la conteſtation, & nous avons prouvé dans notre Mémoire, pag. 70 & 79, que c'étoit à ces parties qu'il falloit appliquer les Lettres Patentes de *Charles VI.* de 1380, & celles de la Reine *Marie*, de 1398. Le *Languedoc* ſans rien répliquer à nos preuves, affecte ſans ceſſe de tout confondre, & la *Provence* ne ſe laſſe point de tout diſtinguer & de répéter qu'elle ne demande rien de nouveau: ſa ſeule ambition eſt de conſerver la partie du *Rhone*, qui eſt depuis l'embouchure de la *Durance* juſqu'à la Mer.

2°. Tout ce que contient d'important la liſte du *Languedoc* a été diſcuté & refuté par la *Provence*, ſous chaque époque des titres, ſoit dans ſon premier Mémoire, ſoit dans celui-ci.

3°. S'il ſe trouve dans la table chronologique quelques autres piéces dont on n'ait pas parlé, on s'appercevra facilement au ſeul énoncé qu'elles portent, que c'eſt parce que ce ne ſont que des actes de conflit, de jalouſie de Juriſdiction, de concert pour ſe ménager des titres, d'entrepriſe d'autorité, d'arrangement de Finance, de Procès particuliers; de certificats mandiés, &c. &c. &c. qui tous réunis prouvent ſeulement que dans tous les tems les Officiers de *Languedoc* ont employé toutes ſortes de moyens pour donner de la réalité à leurs chimeres, & qu'ils n'ont pas même encore renoncé aujourd'hui à un prétexte uſé & peu digne de la

cauſe:

caufe : C'eft de faire croire que les droits de la Couronne font compromis , fi le Roi eft déclaré Souverain du *Rhone* , plutôt comme Comte de *Provence* que comme Comte de *Tou-loufe*. •

4°. Le *Languedoc* a foin dans cette table , de faire remar-quer par des lettres majufcules , les Arrêts qui font interve-nus en conféquence de celui de 1493, c'eft-à-dire, que plus l'abfurdité de cet Arrêt eft dévoilée , plus nos Adverfaires cherchent à la couvrir par une confiance affectée. Mais cette affectation même avertit le Confeil de la fource vicieufe dans laquelle les Arrêts poftérieurs ont pris leur principe de déci-fion , & que celui de 1493 eft non-feulement la caufe de l'er-reur du Public , mais encore qu'on eft parvenu par fon moyen à furprendre la religion du Confeil même.

Enfin, le *Languedoc* , à défaut de bons titres , ne craint pas de donner ce nom à une efpece d'Enquête , dans laquelle des Témoins *Languedociens* atteftent qu'ils font parfaitement inf-truits en 1412, des véritables intentions qu'avoit *Charlemagne* fix cens ans auparavant, lorfqu'il projetta le partage de fes Etats entre fes enfans.

Tout ce que l'on pourroit conclure de la *table chronolo-gique* & des autres piéces du *Languedoc* , c'eft que cette Pro-vince a fans ceffe cherché à s'arroger des droits fur le *Rhone*, & à fe les ménager, en évitant toujours d'engager le combat avec le vrai Contradicteur, le Corps des Etats de *Provence* , qui, aujourd'hui *pour la premiere fois* , défend aux prétentions de fon Adverfaire : car on défiera toujours le *Lan-guedoc* de citer un feul Arrêt, même celui de 1724, où la *Provence* ait défendu à la demande qu'a formée le *Languedoc* afin d'avoir le *Rhone* & fes dépendances dans la partie con-tentieufe, & elle rapporte nombre d'Arrêts ou Jugemens où

K

les Officiers du *Languedoc* contradictoirement entendus, ont échoué contr'elle, & se sont vus forcés de reconnoître ses droits.

DEUXIEME PARTIE.

Moyens de forme contre l'Arrêt de 1724, & Réponse aux fins de non-recevoir.

Ce n'est que par surabondance de droit & seulement pour rendre hommage aux regles de l'ordre judiciaire que la *Provence* employe des moyens de forme contre l'Arrêt de 1724. Il devroit lui suffire de répéter qu'il s'agit ici d'un *réglement général*, d'une limitation de deux Provinces, & de l'intérêt public, pour que ses demandes ne pussent être rejettées par des fins de non-recevoir. L'Arrêt qu'elle attaque est un Arrêt rendu en Finance, & sur une matiere d'administration toute de Droit public, qui n'admet aucun moyen de cette espece. Mais puisqu'on lui oppose sans cesse cet Arrêt furtif & irrégulier, & qu'elle a des moyens invincibles de le faire rétracter, elle a pris les voyes de droit pour y parvenir.

L'Arrêt de 1724 est contraire à nombre d'autres Arrêts précédens, tant du Conseil que d'autres Tribunaux supérieurs : la *Provence* peut donc l'attaquer par la voye de la *contrariété*.

Lors de cet Arrêt la *Provence* ne fournit aucune défense à la demande que le *Languedoc* forma furtivement sur la fin de l'instruction du Procès particulier dans lequel les Procureurs du Pays n'étoient que Parties intervenantes ; elle a donc le droit de l'attaquer par la voye *de la Requête civile*, comme Partie non défendue.

La demande en contrariété eſt fondée ſur la contradiction palpable qui ſe trouve entre l'Arrêt de 1724, & tous ceux dont on a vû ci-deſſus l'analyſe. L'on doit mettre de ce nombre la tranſaction paſſée le 16 Octobre 1544, par des Commiſſaires du Roi, qui réuniſſent les Iſles & crémens de *Boulbon* dans le *Rhone*, à la Seigneurie du même lieu qui eſt en *Provence*: Les Lettres Patentes accordées à la Communauté de *Barbantane* le 17 Décembre 1575, qui lui confirment la poſſeſſion des Iſles du *grand & du petit Mouton* : L'Arrêt du Grand-Conſeil du 13 Avril 1587 qui juge la même choſe, malgré les avantages que le *Languedoc* vouloit tirer de ſon Arrêt de 1493 : L'Arrêt du Grand-Conſeil du 30 Septembre 1609, qui maintient le ſieur de *Saxi* dans les Iſles & crémens que les *Languedociens* vouloient lui enlever: L'Arrêt du Conſeil du 24 Octobre 1687 qui, ſur le trouble apporté à la Ville *d'Arles* & à quelques-uns de ſes Habitans, les maintient en la propriété & poſſeſſion des Iſles, Iſlots, crémens, relais de la Mer & du *Rhone*, depuis la Ville *d'Arles* juſqu'à la Mer: maintient également la Communauté & les Particuliers en la propriété & jouiſſance des dérivations qu'ils avoient faites du *Rhone* pour arroſer leurs terres: & ſur les points à régler à l'occaſion de ces Iſles, Iſlots & crémens de la Mer & du *Rhone*, les renvoye devant l'Intendant de *Provence*: L'Arrêt du 22 Août 1690, qui ſur un trouble fait aux Habitans de *Taraſcon* relativement aux Iſles de *Legués*, *Leſtel & Barralier*, & ſur le combat des deux Fermiers du Domaine de *Provence* & de *Languedoc*, veut, » que dans le cas même où l'albergue offerte par » les Habitans fût adjugée au Fermier de *Languedoc*, ces Iſles » ne pourroient être pour cela prétendues faire partie de la » Province de *Languedoc*, & ſeroient au contraire & demeu-» reroient, *comme elles avoient toujours été* juſqu'alors, dans le

I.
Demande en
contrariété.

K ij

» compois & taillabilité de *Tarafcon*, fans pouvoir jamais
» être affujetties à aucune impofition de la Province de *Lan-*
» *guedoc* «. Enfin l'Arrêt du 16 Août 1692, qui porte exacte-
ment les mêmes difpofitions que les précédens, relativement
aux Ifles de *Trefbon* dans le même Fleuve.

Ainfi dans le moment où le *Languedoc* faifoit juger que tout
le *Rhone* & fes Ifles lui appartenoient en entier, les Habitans de
Barbantane,ceux de *Tarafcon*,le fieur de *Saxi*,les Habitans & la
Ville d'*Arles*, les Propriétaires des Ifles de *Trefbon* avoient
chacun des Arrêts folemnels, & dont plufieurs étoient contradictoires avec les Habitans du *Languedoc*, Arrêts qui ordon-
noient le contraire de ce qu'il demandoit, Arrêts qu'il diffi-
muloit avec foin, Arrêts qui avoient toujours eu leur exécution, Arrêts enfin tels, qu'il n'ofe attaquer que celui de 1690,
& avoue que ceux de la Ville d'*Arles* font hors de toute
atteinte.

Objection con-
tre la contrariété.

Cette *contrariété* eft fi évidente, que le *Languedoc* n'a pas
même effayé de la contredire directement ; toujours fertile en
fubterfuges pour éluder les difficultés qu'il ne peut réfoudre,
il a tenté de faire croire que cette demande en contrariété
n'étoit au fond qu'un moyen de *Requête civile*, parce que, dit-
il, *la contrariété* d'Arrêts n'eft en effet qu'un moyen de Requête civile : ainfi, conclut-il, les deux moyens de forme an-
noncés par la *Provence*, ne font qu'un feul moyen : ce n'eft
toujours qu'une Requête civile ; & voici quel eft le motif de
cette équivoque du *Languedoc*.

Les Ordonnances n'affujettiffent à aucuns délais les demandes en *contrariété* d'Arrêts rendus en des Tribunaux différens ;
elles veulent au contraire que les Requêtes civiles foient
préfentées dans l'année de la fignification de l'Arrêt. Or,
comme le *Languedoc* croit que la *Provence* n'eft plus à tems

d'attaquer l'Arrêt de 1724 , par *la Requête civile* , il a cru en confondant les deux demandes fe tirer d'affaire d'un feul coup.

Mais pour le tirer de cette erreur fans doute volontaire, il fuffit de décliner les premiers principes de l'ordre judiciaire. Perfonne n'ignore qu'il y a deux fortes de *contrariété*; l'une entre des Arrêts rendus en *même* Cour, entre les mêmes Parties & fur le même fait : & c'elle-ci n'eft en effet qu'un moyen de *Requête civile* , laquelle doit fe préfenter dans des délais fixés ; l'autre entre des Arrêts rendus en des Tribunaux *différens* , & entre des Parties différentes; & c'eft celle-ci dont parle le titre fix de la première partie du Réglement du Confeil. C'eft cette efpece de *contrariété* qui ouvre aux Parties une toute autre voie que la *Requête civile* , celle de fe pourvoir au Confeil privé pour faire rétracter le dernier Arrêt , & ordonner l'exécution des précédens ; & c'eft précifément celle-là que les Procureurs du Pays ont prife. Comme leurs Adverfaires n'avoient ni moyens , ni fins de non-recevoir à nous oppofer à cet égard, ils ont cru en être quittes en effayant de donner le change, & en confondant deux voies de droit que les moindres Praticiens fçavent diftinguer.

Concluons donc du genre même de défenfe employé par le *Languedoc*, que la voie de la *contrariété* nous eft pleinement ouverte , & qu'il n'a rien à y oppofer. Ainfi d'après l'article fix du titre des *contrariétés* d'Arrêts du Réglement du Confeil , l'Arrêt de 1724 doit être révoqué , par la feule raifon qu'il eft contraire à d'autres Arrêts précédens ; & il doit être ordonné, aux termes de cette Loi, que *fans avoir égard au dernier Arrêt , les précédens feront exécutés felon leur forme & teneur.*

La *Provence* ne peut mieux faire fentir la juftice de cette *Demande en Requête civile.*

demande, qu'en rappellant en deux mots à quelle occasion l'Arrêt qu'elle attaque a été rendu. Le fieur de *Gravefon* prétendoit tenir en exemption de taille fes biens fitués dans les Ifles *du Caftelet & du Roudadou*. La Ville de *Tarafcon* vouloit lui faire fupporter les impofitions, & le comprendre dans fon cadaftre. La Chambre des Comptes d'*Aix*, & celle de *Montpellier* avoient rendu des Arrêts contraires, & prétendoient chacune en connoître, fous prétexte que les terreins contentieux étoient fitués dans fon diftrict. LesAdminiftrateurs des deux Provinces intervinrent chacun en faveur des Parties qui foutenoient des intérêts conformes aux leurs.

C'eft fur la fin de cette conteftation, que l'Infpecteur du Domaine prit, fans intérêt pour le Roi, & fans néceffité, des conclufions générales, à ce que non-feulement l'Ifle *du Caftelet & de Roudadou* fuffent déclarées faire partie du *Languedoc;* mais encore *toutes les autres Ifles du Rhone* ; celle de *Camargue* même qui n'a jamais été conteftée à la *Provence*, n'étoit point exceptée, & l'on eft feulement redevable à la modération du *Languedoc*, de n'avoir pas porté alors fes vûes jufques fur les crémens : en conféquence l'Infpecteur conclut à ce qu'il fût fait défenfe à la Communauté de *Tarafcon*, & *à toutes les autres Communautés de Provence*, de comprendre dans leur cadaftre *aucune des Ifles du Rhone*, fous quelque prétexte que ce puiffe être.

Le Syndic Général du *Languedoc*, qui fans doute avoit infpiré ces demandes, ne manqua pas d'y adhérer fur le champ: & quoique les Procureurs du Pays de *Provence* fuffent Parties dans l'affaire pour fecourir la Communauté de *Tarafcon* dans fon Procès particulier avec le fieur de *Gravefon* ; il ne fut fourni de leur part aucune Requête, pris aucune conclufion, ni produit aucune piéce relativement à cette demande capitale & générale , formée d'une façon auſſi extraordinaire.

Comment en effet l'Inſpecteur du Domaine , & le Syndic Général pouvoient-ils eſpérer de procéder réguliérement , en formant dans un Procès particulier des demandes générales & principales contre un Corps d'Etats , dont l'intervention étoit limitée à défendre dans une queſtion particuliere de tailles, & contre *toutes les Communautés de Provence* , qui n'étoient même pas Parties dans l'affaire ?

Au moins , ſi l'on eût voulu procéder réguliérement , & faire juger utilement , falloit-il actionner le Corps même de la Province , en lui faiſant ſignifier à domicile une demande principale & nouvelle, & la notifier avec les mêmes ſolemnités à toutes ces Communautés de *Provence* , dont on alloit troubler l'état , & changer la perception des impoſitions ? Au moins falloit-il encore attaquer par les voies de droit , & faire révoquer cette multitude d'Arrêts que les *Provençaux* avoient obtenus contre le *Languedoc* , & qui jugeoient directement le contraire de ce que l'on cherchoit à faire décider furtivement contr'eux.

C'eſt cependant ſur une pareille procédure que l'on a fait juger par l'Arrêt de 1724 , que toutes les Iſles du *Rhone* font partie du *Languedoc* : ainſi , ſi cet Arrêt eût pu avoir quelque exécution dans ſa diſpoſition générale , une partie des Communautés de *Provence* changeoit de Province , de Juriſdiction & de reſſort, tous les précédens Arrêts , qui avoient coûté tant de dépenſes & de travaux à ceux qui les avoient obtenus, n'étoient plus que des titres vains entre leurs mains ; ils étoient anéantis ſans même avoir été attaqués : tout étoit renverſé. Il eût fallu que l'abonnement des impoſitions fût diminué dans une Province , & augmenté dans l'autre ; & ces grandes révolutions fuſſent arrivées ſans qu'aucune des Parties intéressées eût été entendue, eût même été réguliérement actionnée. La *Camargue*, cette principale Isle du *Rhone*, sur laquelle jusqu'ici le *Languedoc* n'a pas encore étendu ses prétentions, les Isles de *Barbantane*, du *Mouton*, du *Tresbon*, de *Saxi*, & tant d'autres jugées si solemnellement, si contradictoirement être de la *Provence*, tous ces péages, ces droits de pêche & leurs accessoires, qui, de l'aveu du *Languedoc*, appartiennent incontestablement à la Ville d'*Arles*; le *Languedoc* faisoit d'un seul coup la conquête de tant d'objets importans, & il n'eût resté à la *Provence* que l'étonnement de se voir dépouiller avec aussi peu de formalité.

Mais heureusement aucun de ces changemens n'est arrivé; le *Languedoc* lui-même a sçu apprécier son Arrêt à sa juste valeur : il ne l'a pas même fait signifier au Corps de la Province, ni à toutes ces Communautés dont il attaquoit les droits. Il a bien senti que dès qu'il en voudroit faire usage contre ces différens Corps, il s'éleveroit un cri général de réclamation contre la surprise faite au Conseil; il s'est contenté de le produire dans toutes les contestations particulieres, comme un réglement général & subsistant, qui devoit faire disparoître tous les autres titres : & en effet, tant qu'il n'étoit pas attaqué par les voies de droit, il pouvoit inquiéter la religion des Juges. Mais dès qu'il est constaté par l'Arrêt même que la *Provence* n'a donné aucune Requête contre la demande générale qu'on lui oppose aujourd'hui, qu'elle n'a point pris de conclusions, ni produit ses titres pour se défendre; il est démontré qu'elle n'a point été défendue, ou qu'elle l'a été mal : ce qui suffiroit seul, sans contredit, pour lui ouvrir la voie de la Requête civile, s'il s'agissoit ici d'un intérêt particulier & d'une matiere ordinaire; mais il s'agit de l'intérêt général de deux Provinces, il s'agit de changer l'im-

position

pofition des tailles ; & le *Languedoc* lui-même a fait décider par une Déclaration du Roi, formelle, rendue le 30 Août 1707, recueillie dans la Jurifprudence féodale du *Languedoc* & de la *Provence*, que les regles établies par l'Ordonnance de 1667, pour les délais de fe pourvoir en Requête civile, n'avoient point d'application à la matiere des tailles, qui de fa nature eft imprefcriptible à tous égards, fur le principe que *ce qui n'eft pas fujet à la prefcription, peut être jugé de nouveau en tous les tems fur de nouvelles piéces.... nonobftant tout lap s de tems.*

La Loi que le *Languedoc* a follicitée lui-même pour lever toute fin de non-recevoir, ne l'empêche cependant pas d'objeĉter à la *Provence*, en premier lieu, qu'elle n'eft plus recevable à attaquer l'Arrêt de 1724, attendu que l'année pour prendre la Requête civile, eft échue depuis plus de trente ans. Ce qui doit furprendre dans cette objeĉtion, c'eft que pour la faire, le *Languedoc* eft obligé de dire lui-même que cette année ne court que du jour de la *fignification* de l'Arrêt ; ce font en effet les propres termes de l'Ordonnance qu'il cite. Il croit fe tirer d'affaire en difant que l'Arrêt a été fignifié *à l'Avocat* des Procureurs du Pays ; mais puifqu'il nous ramene avec tant de févérité à la lettre de l'Ordonnance, pour en tirer une fin de non-recevoir péremptoire, il auroit dû voir dans la même Loi fa condamnation, car elle porte expreffément que cette fin de non-recevoir ne peut fe tirer que de la *fignification* de l'Arrêt, faite *à perfonne ou domicile,* fans que l'on puiffe tirer aucun avantage des fignifications faites aux Procureurs ou Avocats.

 » Voulons, porte l'art. 11 du titre des Requêtes civiles ; » que tous les Arrêts, Jugemens rendus en dernier reffort, » & Sentences Prefidiales, données au premier chef de l'Edit, » foient fignifiées *aux perfonnes ou domiciles, pour en induire*

L

» *les fins de non-recevoir contre la Requête civile* dans le tems
» ci-deſſus, encore que les uns ayent été contradictoires en
» l'Audience, & les autres *ſignifiés au Procureur.*

Que l'on joigne à ce défaut de ſignification le défaut d'exécution de l'Arrêt, & l'on jugera de la valeur de la fin de non-
recevoir du *Languedoc*; car la *Provence* ne ſçauroit trop répéter
que jamais l'Arrêt de 1724 n'a eu la moindre exécution dans la
partie qui intéreſſe le Corps de la Province. On ne conçoit
pas comment les Adverſaires oſent, après une vérité de fait
auſſi conſtante, avancer, comme ils le font, que cet Arrêt
a été exécuté dans ſa diſpoſition générale: c'eſt une de leurs
plus fauſſes aſſertions, parmi tant d'autres que nous ſommes
en droit de leur reprocher.

La ſeconde objection du *Languedoc*, contre la Requête
civile, eſt que l'Arrêt de 1724, n'eſt point contraire aux
Arrêts précédemment rendus ſur le *Rhone*, qu'au contraire il
y eſt conforme; & pour le prouver, il rappelle ceux qu'il
a obtenus contre le Pape, contre le *Dauphiné*, & ceux qui
ont ordonné que quelques droits domaniaux des Iſles du
Rhone, ſeroient payés au Fermier du Domaine de *Langnedoc.*

Mais qui n'apperçoit que c'eſt encore-là une équivoque
faite à plaiſir. L'Arrêt de 1724 ſeroit conforme à cent autres Arrêts pareils à ceux que le *Languedoc* cite, qu'il n'en
ſeroit pas moins en contrariété littérale avec ceux que la
Provence lui oppoſe; ce n'eſt pas aux Arrêts contre le *Dau-*
phiné, ou *le Comtat*, que nous diſons que l'Arrêt de 1724 eſt
contraire: peu nous importe qu'il y ſoit conforme: c'eſt à ceux
qui ont jugé la même queſtion en notre faveur, que nous
ſoutenons qu'il eſt contraire, & nous demandons que ſans
toucher à ceux du *Dauphiné* & du *Comtat*, on ordonne l'exécution des nôtres, ſans avoir égard à celui de 1724, comme
le preſcrit le Réglement du Conſeil.

Comment d'ailleurs le Syndic du *Languedoc* a-t-il le courage d'avancer que fon Arrêt eſt conforme à tous les précédens rendus fur la même matiere, tandis qu'il produit dans la même Requête l'oppoſition qu'il eſt forcé de former à celui de 1690, & qu'il avoue que la Ville d'*Arles* en a en fa faveur qui font inattaquables, & qui cependant jugent tout le contraire de ce qu'il foutient.

Le *Languedoc* oppofe comme une autre fin de non-recevoir contre la Requête civile, que la *Provence* a donné à l'Arrêt de 1724, des *acquiefcemens multipliés.* Croiroit-on que pour preuve de ces acquiefcemens, le *Languedoc* cite contre la *Provence* ce qui a été jugé contre le Pape, le *Dauphiné,* la *Savoie,* la Ville de *Geneve,* &c. Il rappelle encore l'Arrêt qui a ordonné que la Communauté de *Mondragon* payeroit la capitation en *Languedoc?* Eſt-il donc permis de fe défendre par de pareils moyens ? Où font donc ces *acquiefcemens multipliés?* Qu'on en trouve un feul qui mérite ce nom, & qui puiſſe véritablement être attribué au Corps de la Province ?

Nos Adverfaires annoncent comme des acquiefcemens, deux paſſages des cayers des Etats de *Provence,* dans lefquels cette Province fait de nouveaux efforts pour être maintenue dans les Iſles du *Rhone,* à l'occaſion defquels les Habitans du *Languedoc* fufcitent tous les jours des Procès à ceux de *Provence;* mais loin d'ériger ces réclamations en acquiefcemens, le *Languedoc* ne devroit-il pas y voir au contraire des proteſtations contre l'injuſtice de fes prétentions, & les regarder comme des ménagemens, avant que d'en venir à une aĉtion judiciaire.

Le *Languedoc* fe replie fur ce que les conceſſions qui ont fait obtenir à la Ville d'*Arles* les Arrêts de 1687 & 1692, *font dans la partie du Fleuve qui coule depuis cette Ville jufques*

*à la Mer , & que toutes les Inſtances qui diviſent les deux Pro-
vinces ſont au contraire depuis Arles , en remontant juſqu'à la
Durance.*

Ce n'eſt-là qu'une mauvaiſe défaite , l'on peut remarquer
ici le peu de ſuite du *Languedoc* dans ſes idées, car il veut
pouvoir argumenter & tirer avantage contre la *Provence*, des
Arrêts qu'il a obtenus contre une autre Province, & contre
un Etat étranger , le *Dauphiné* & le *Comtat*, & il ne veut
pas que la *Provence* puiſſe faire valoir les Arrêts rendus en
faveur de la Ville d'*Arles*, au lieu qu'il n'y a que ces Arrêts qui ſoient vraiement déciſifs & applicables à la Cauſe,
parce qu'ils ſont rendus pour une partie de la même Province , & ſur les mêmes titres : au contraire vis-à-vis le *Dauphiné* & le *Comtat*, la différence n'eſt pas ſeulement dans le
local, elle eſt dans les titres & les droits.

Mais de plus , l'objection du *Languedoc* manque même quant
au local. L'Arrêt de 1692 eſt pour le quartier du *Treſlon*,
ſupérieur à la Ville d'*Arles* ; ce quartier eſt à la vérité de ſon
territoire & il s'étend juſqu'à celui de *Taraſcon*, mais il eſt
également vrai qu'il eſt dans la partie du Fleuve, en remontant depuis *Arles* juſqu'à la *Durance :* l'Iſlon de *Saxi* qui donna
lieu à l'Arrêt du Grand-Conſeil de 1609, quoiqu'il ſoit du territoire d'*Arles* , eſt auſſi dans la partie du Fleuve au-deſſus de
cette Ville : ſi le *Languedoc* nous abandonne tout le territoire
d'*Arles* , tant au-deſſous qu'au-deſſus de la Ville, & juſqu'à
celui de *Taraſcon*, dès-lors notre cauſe eſt plus qu'à moitié
gagnée pour le terrein, & elle l'eſt en totalité pour le droit ;
car il réſultera toujours de ce déſiſtement & de cet aveu forcé,
que le *Languedoc* ne peut diſconvenir que la *Provence* a des droits
inconteſtables au moins ſur une partie du *Rhone* ; & l'Arrêt de
1724 demeurera pour la plus grande partie comme non avenu :

il ne fera pas vrai que *tous les titres s'accordent pour établir en point de droit que tous les crémens & attériffemens dans cette partie ;* appartiennent au *Languedoc* ; de 14 ou 15 lieuës d'étendue depuis la *Durance* jufqu'à la Mer, il ne nous en reftera que 4 ou 5 à défendre, fçavoir, les terroirs de *Barbantane*, de *Boulbon*, de *Mézoargues* & de *Tarafcon*, & ce refte de territoire, nous le défendrons avec le même avantage & les mêmes armes que celui d'*Arles*, puifque nos Adverfaires ne peuvent pas dire que les titres de la Ville d'*Arles*, aufquels ils font obligés de céder, foient d'une efpece différente, & qu'elle les tienne des Souverains du *Languedoc*.

Si les deux Arrêts du Grand Confeil & les Lett. Patentes qui adjugent à la Communauté de *Barbantane* les Ifles du *Mouton*, fi la tranfaction paffée en 1544, entre les Commiffaires du Roi & le Seigneur de *Boulbon*, fi l'Arrêt du Grand-Confeil de 1576, obtenu par M. de *Lubieres* contre Madame la Ducheffe de *Bouillon* & M. le Cardinal de *Lorraine*, fi celui de 1690 pour la Ville de *Tarafcon*, enfin, fi tous les titres de propriété & de poffeffion produits par la *Provence*, de toute forte de droits fur le *Rhone* & fes Ifles dans cette étendue, embarraffent le *Languedoc*, comme les Arrêts de 1687 & de 1692, rendus pour le terroir d'*Arles*, il n'a qu'à faire la même réponfe, que tous ces Arrêts & ces titres font le fruit des conceffions particulieres émanées des Comtes de *Provence*, & nous ferons bien-tôt d'accord.

Enfin nous ne pouvons mieux réfumer toute notre défenfe que par les affertions fuivantes, auxquelles on défie nos Adverfaires de fournir de folution raifonnable.

§I.

Les Fleuves & les rivieres font des bornes fensibles, que
la nature elle même a posées pour fervir de limites aux Nations
& aux Provinces (a) : tout le monde fçait que le *Rhone* fépare
le *Languedoc* de la *Provence*, & l'on regardera toujours comme
une violence faite aux idées reçues, de vouloir que l'une des
deux Provinces foit feule Propriétaire de ce Fleuve & de fes
deux bords, malgré la féparation évidente que la nature a
faite entr'elle.

I I.

Les Loix Romaines qui régiffent les deux Provinces con-
damnent formellement toute violation de ce droit primitif,
ouvrage de la nature (b). Elles veulent que les accroiffemens
& les Ifles qui fe forment dans une riviere appartiennent au
bord dont ils font le plus proches ; & s'il fe forme une Ifle
dans le milieu, elles la donnent à partager aux Propriétaires
des deux rivages, à proportion de l'étendue de leurs fonds. Le
Languedoc en propofant tout le contraire, s'éleve donc ou-
vertement contre la Loi qui le gouverne.

(a) » Une Riviere eft une borne perpétuelle & immuable, quoique fon affiette
» foit flottante & fujette à quelque changement & altération. *Duperier*, livre 2,
» queft. 3.

(b) *Quod per alluvionem agro tuo flumen adjecit, jure gentium tibi adquiritur. In-*
fula in flumine nata fi quidem mediam partem fluminis tenet, communis eft eorum qui
ab utraque parte fluminis prope ripam prædia poffident : Pro modo fcilicet latitudinis
cujufque fundi quæ prope ripam fit. Quod fi alteri parti proximior fit eorum eft tantum
qui ab ea parte prope ripam prædia poffident. Inftit. Juftin. lib. 2, tit. 1, §§. 10 &
22.

III.

L'ÉTAT phyſique du *Rhone* eſt un nouvel obſtacle à ſes prétentions. Dans tous les tems la *Provence* a poſſédé & poſſede
encore ſans conteſtation la plus grande Iſle du Fleuve, la
Camargue; elle leve les impoſitions réelles ſur nombre d'autres
Iſles. On ne lui diſpute point le grand bras du *Rhone,* depuis
Arles juſqu'à la Mer: Elle jouit ſur le petit bras du côté du
Languedoc, de droits de péage & de dérivations d'eaux pour
les arroſages : la ſituation des lieux ſe joint ainſi à la poſſeſſion, pour aſſurer ſes droits ſur le Fleuve & ſur ſes acceſſoires.

IV.

LES Comtes de *Provence* ont fait ſur le *Rhone* tous les
actes de ſouveraineté & de reſſort. Ils poſſédoient des Forts
ſur les bords du Fleuve; donnoient les permiſſions d'y faire
des machines de guerre, accordoient les Lettres de marque
& de repréſailles, & mettoient des impôts, même ſur les ſels
qui étoient tranſportés pour le compte des Rois de *France :*
Ces Comtes ont tenu des plaids ſolemnels dans les Iſles du
Rhone, Leurs Officiers ont prononcé une multitude de confiſcations & d'amendes au profit de leur Souverain au ſujet de
la navigation : ils y ont inféodé les Iſles, les péages, la pêche
& les autres droits ſur le Fleuve : ils y ont exercé toute juriſdiction, ſaiſi les Fiefs des Seigneurs qui y poſſédoient des
Iſles ou des droits, & forcé les Officiers du *Languedoc* à ſe
déſiſter des entrepriſes faites pour troubler la poſſeſſion de la
Provence.

V.

LE *Languedoc* n'oppofe à de pareils titres, d'abord qu'unArrêt de conflit, rendu par défaut & contre les proteftations les plus formelles de la part des Officiers de *Provence* : Arrêt qui depuis a été caffé & révoqué, qui n'a jamais été exécuté, & malgré lequel d'autres Arrêts fubféquens ont ordonné tout le contraire de ce qu'il porte : il cite en fecond lieu des Arrêts rendus entre des Fermiers de droits domaniaux, Arrêts uniquement deftinés à régler des opérations de finance, Arrêts qui n'ont jamais opéré le moindre changement dans les impofitions réelles, & qui n'ont été ni fignifiés ni exécutés contre le Corps de la Province : il argumente enfin d'Arrêts rendus contre le *Dauphiné*, le *Comtat*, ou d'autres contrées avec lefquelles la *Provence* n'a rien de commun.

V I.

Le *Languedoc* dit fans ceffe & veut en être cru fur fa parole : *le Rhone appartient au Roi & fait partie du Languedoc.* La *Provence* pourroit prendre comme lui le ton impérieux & dire auffi dogmatiquement, *le Rhone appartient au Roi & fait partie de la Provence :* mais elle fait plus, elle le prouve par des titres inconteftables : au lieu que le *Languedoc* cherche à envelopper fa propofition dans un fens énigmatique : car eft ce parce que le *Rhone* appartient au Roi qu'il fait partie du *Languedoc* ; ou eft-ce parce qu'il fait partie du *Languedoc* qu'il appartient au Roi ? Il eft aifé de fentir que c'eft le dernier parti qu'il préfere, & il eft fi perfuadé que le Roi ne poffede le *Rhone* que parce que ce Fleuve fait partie du *Languedoc*, qu'il contefte

à

à Sa Majefté (*a*) la faculté de pouvoir conceder les graviers de ce Fleuve. Il s'en faut donc beaucoup que nos Adverfaires ftipulent fincerement les droits du Roi, puifqu'au contraire ils les combattent, & quand même ils les ftipuleroient, ces droits feroient-ils moins en fureté en *Provence* qu'en *Languedoc?*

VII.

LES prétendus inconveniens que le *Languedoc* voit à laiffer la *Provence* jouir tranquillement de fes droits fur le *Rhone*, ou même à le partager par une ligne de mi-partition, font la derniere reffource qu'on employe contr'elle. Mais quel inconvénient un efprit défintéreffé trouvera-t-il à maintenir une Province dans une poffeffion immémoriale; à conferver l'état des chofes, & à réprimer les entreprifes d'une autre Province ambitieufe qui veut dépouiller fes voifins? Quels inconvéniens n'y auroit-il pas, au contraire, de vouloir que celle qui jouit, fût dépouillée, qu'elle pût toujours perdre par l'inconftance du Fleuve fans jamais pouvoir recouvrer (*b*)? Quel embarras, (fi le *Languedoc* réuffiffoit) ne cauferoit pas la néceffité de renverfer les refforts des Jurifdictions, d'intervertir l'impofition des tailles, & de changer les abonnemens des impofitions : car l'on ne pourroit éviter de diminuer ceux de la *Provence*,

(*a*) C'eft une conteftation que le *Languedoc* n'a pas craint d'élever contre la Ville de *Tarafcon*, en prétendant que le Roi n'a pas pû permettre à cette Ville de faire des excavations fur un gravier qui embaraffoit fon port.

(*b*) » Ce feroit une injuftice infupportable que les champs voifins d'une riviere » puffent recevoir de la diminution & du dommage par l'inondation, & qu'ils » n'en puffent jamais être récompenfés & indemnifés, par le bénéfice de l'allü- » vion, contre cette loi naturelle qui veut que le profit & la commodité foit pour » celui qui eft expofé à la perte & à l'incommodité. *Duperier*, liv. 2, queft. 3.

à proportion de la perte de fon territoire ; le crédit du *Languedoc* pourra-t-il jamais maîtriser les opinions, changer les affections, & perfuader aux *Provençaux* qu'ils ont perdu leur Patrie, qu'il faut en reconnoître une autre, & que le *Rhone* a été une barriere vainement pofée par la nature pour féparer les deux Provinces ?

VIII.

LE *Languedoc* lui-même fait à fon gré des exceptions en faveur de la Ville *d'Arles* & pour l'Ifle de la *Camargue*, fans compter les autres dont il ne parle pas ; preuve certaine qu'il n'y a que de l'arbitraire dans fon fyftême, & rien de fondé ni de conféquent, puifque les titres de la Ville *d'Arles* ne font pas d'une autre efpece, ni émanés d'une autorité dif-férente que ceux du refte de la Province.

IX.

LE feul embarras de l'affaire vient de ce que d'un côté les *Provençaux* fe font toujours maintenus dans la poffeffion du *Rhone* & de fes acceffoires, depuis la *Durance* jufqu'à la Mer ; & de l'autre, de ce qu'en plufieurs occafions le *Languedoc* a cherché à fe ménager des avantages à l'infçu des Procureurs du Pays, pour venir un jour attaquer à force ouverte ceux qu'il a projetté de dépouiller. Mais pourquoi les *Provençaux* n'ef-péreroient ils pas au moins la même grace que l'on vient de faire aux Sujets du Roi de *Sardaigne* par le traité de 1760? C'eft le milieu du Fleuve qui a été pris pour ligne de féparation. L'on y a fuivi le précepte des Loix Romaines en voulant que les Ifles appartinffent au bord dont elles feroient les plus proches, & que celles qui naîtroient au milieu, fuffent par-tagées entre les deux Souverains.

X.

C'eft chofe jugée, nous dit fans ceffe le Languedoc : *le Rhone fait partie de notre Province d'un bord à l'autre.* Mais ce n'eft plus chofe jugée , dès que la *Provence* a pris les voyes de droit contre l'Arrêt de 1724. Tout eft au contraire remis en queftion , puifque fa réclamation eft admife , & que le Confeil a ordonné en connoiffance de caufe au *Languedoc* d'y défendre. C'étoit bien mieux chofe jugée avant l'Arrêt qu'on nous oppofe , & auquel on a fait décider le contraire de ce que de précédens Arrêts non révoqués ni même attaqués avoient jugé. Ces précédens Arrêts avoient eu leur pleine exécution ; tandis que celui dont il s'agit n'a pas même été fignifié ; il eft rendu contre une Province qui ne s'eft pas défendue ; il eft en contrariété avec d'autres Arrêts fubfiftants , il eft attaqué par la voye de la Requête civile & de la contrariété. Cette Requête eft admife. Ce n'eft donc plus chofe jugée : tout eft rétabli : la queftion ne peut plus être examinée que par le mérite du fond, par des vûes fupérieures de bien général, & dès-lors tout l'avantage eft pour la *Provence :* le *Languedoc* lui-même ne peut fe le diffimuler : car s'il n'étoit pas pénétré de la foibleffe de fa caufe, oppoferoit - il des fins de non-recevoir dans une affaire qui eft toute de Droit public ?

CONSEIL DES FINANCES.

Me. DAMOURS, Avocat.

De l'Imprimerie de Ch. Est. Chenault, rue de la Vieille Draperie, 1767.